CITY

中国城市住房保障制度发展研究：
水平测度及效应评估

何春燕 / 著

西南财经大学出版社

中国·成都

图书在版编目(CIP)数据

中国城市住房保障制度发展研究:水平测度及效应评估/何春燕著.—成都:西南财经大学出版社,2023.5
ISBN 978-7-5504-4997-8

Ⅰ.①中… Ⅱ.①何… Ⅲ.①城市—保障性住房—住房制度—研究—中国 Ⅳ.①F299.233.1

中国国家版本馆 CIP 数据核字(2023)第 066912 号

中国城市住房保障制度发展研究:水平测度及效应评估
ZHONGGUO CHENGSHI ZHUFANG BAOZHANG ZHIDU FAZHAN YANJIU:SHUIPING CEDU JI XIAOYING PINGGU

何春燕　著

策划编辑:杜显钰
责任编辑:金欣蕾
责任校对:冯　雪
封面设计:墨创文化
责任印制:朱曼丽

出版发行	西南财经大学出版社(四川省成都市光华村街55号)
网　　址	http://cbs.swufe.edu.cn
电子邮件	bookcj@swufe.edu.cn
邮政编码	610074
电　　话	028-87353785
照　　排	四川胜翔数码印务设计有限公司
印　　刷	郫县犀浦印刷厂
成品尺寸	170mm×240mm
印　　张	11
字　　数	199 千字
版　　次	2023 年 5 月第 1 版
印　　次	2023 年 5 月第 1 次印刷
书　　号	ISBN 978-7-5504-4997-8
定　　价	68.00 元

序

　　住房市场化改革是我国房地产行业发展的重要标志，推动了各种类型的住房保障项目的实施，促进了我国现代意义上的住房保障体系的建立，保障了基本民生，稳定了经济增长预期，对我国社会的全面进步产生了深远的影响。

　　目前，我国已建成了世界上最大的住房保障体系，发展目标已经从"住有所居"向"住有宜居"转变，但部分大城市、特大城市人口密集、土地稀缺，虽然整体收入水平较高，但依然难以满足新流入人群"住有所居"的基本需求。如何在高房价时代解决好老百姓"住"的问题，已成为各级政府十分关心的民生问题。尤其是在房价过高的一线城市，多层劳动力结构是维持城市正常运行的重要保障，但是收入水平较低、无力在市场上买房或租房的家庭，只有政府提供的保障性住房才能满足他们的基本居住需求。

　　2011年，在第十一届全国人民代表大会常务委员会第二十三次会议第二次全体会议上，时任住房和城乡建设部部长姜伟新表示，"十二五"时期的保障性住房将重点发展公共租赁住房，特别是人口净流入量大的大中城市，要较大幅度地提高公共租赁住房建设的比重。2016年5月，《国务院办公厅关于加快培育和发展住房租赁市场的若干意见》（国办发〔2016〕39号）提出，"发展住房租赁企业"，"鼓励金融机构按照依法合规、风险可控、商业可持续的原则，向住房租赁企业提供金融支持"。2017年7月，住房和城乡建设部等九部门联合发布《关于在人口净流入的大中城市加快发展住房租赁市场的通知》（建房〔2017〕153号），指出，"当前人口净流入的大中城市住房租赁市场需求旺盛、发展潜力大"，"鼓励各地通过新增用地建设租赁住房，在新建商品住房项目中配建租赁住房等方式，多渠道增加新建租赁住房供应"，"鼓励开发性金融等银行业金融机构在风险可控、商业可持续的前提下，加大对租赁住房项目的信贷支持力度"。同时，为加快推动试点建设，住房和城乡建设部决定在成都、南京等12个人口净流入的大中城市开展住房租赁试点工作，希望尽快形成一批可复制、可推广的试点成果，向全国进行推广。2019 年 5 月，住房和城乡建设部等四部门联合发布《关于进一步规范发展公租房的意见》（建保〔2019〕55 号），指出，截至 2018 年年底，3 700 多万困难群众住进公租房，累计近 2 200 万困难群众领取公租房租赁补贴。公租房保障为维护社会和谐稳定，推进新型城镇化和农业转移人口市民化，增强困难群众获得感、幸福感、安全感发挥了积极作用。党的二十大报告也进一步指出，"坚持房子是用来住的、不是用来炒的定位，加快建立多主体供给、多渠道保障、租购并举的住房制度"。租赁型保障是未来我国住房保障的重要发展方向之一，因而本书以公共租赁住房为基础，评估地级及以上城市的住房保障发展水平，具有重要的现实意义和政策价值。

从保障房建设数量及政府住房保障开支上看，住房保障是我国住房制度的重要组成部分，但在我国政府投入巨大的保障房建设是否达到了应有的效果，住房保障将产生何种外溢效应等方面，学界并没有得到一致性结论。针对这些问题，本书开展了相关探索：在理论上，开展大量的数据搜集工作，建立起基础数据库，并结合具有代表性的微观调查数据对城市住房保障发展水平和产生的效应进行了实证分析，在一定程度上弥补了现有学术研究的不足；在实践上，为解决住房保障工作中的公平与效率问题、完善住房保障制度提出对策和建议，有利于改善民生，健全房地产市场长效发展机制。

住房保障关系到我国社会公平和社会稳定，要真正实现从"住有所居"向"住有宜居"的转变，还需克服重重阻碍。本书内容翔实、观点新颖、可读性强。本书以现实问题为导向，在进一步完善住房保障体系，加快建立多主体供给、多渠道保障、租购并举的住房制度，满足中低收入群体、新市民、青年人群多层次的住房需求等方面具有较强的参考意义，并为正确处理住房保障与城市发展、社会进步、人民幸福等关系指示了可能的方向。

当然，我国住房保障领域还有很多问题值得研究与讨论，希望本书可以成为相关领域学者进一步交流的起点。

李丁（教授、博士生导师）
西南财经大学公共管理学院
2022 年 12 月

前　言

随着城镇化的快速推进，人口流动趋势明显，房价迅速上涨。房价上涨成为我国宏观经济调控关注的焦点问题。习近平总书记在党的十九大报告中指出，"坚持房子是用来住的、不是用来炒的定位，加快建立多主体供给、多渠道保障、租购并举的住房制度"，明确了我国住房市场发展的目标、方向和路径。为了促进房地产市场的平稳健康发展和保障人民"住有所居"，住房保障也被提到一个全新的高度，受到政府决策层的重视。近年来，我国保障性住房数量快速增长，住房保障投入也在不断增加，但大规模的保障房建设也伴随着较多的问题。我国住房保障存在的一个重要问题就是城市住房保障水平无法准确衡量，这导致学界对于住房保障对房价和家庭住房消费将产生何种影响，住房保障发展水平是否与城镇化水平相协调等问题难以达成一致性结论。那么，我国政府投入巨大的保障房建设是否达到了应有的效果，各城市的住房保障水平如何，是否满足了城市居民需求，对住房市场产生了哪些影响？这是本书试图解决的问题。

目前，国外在住房保障及其对住房市场的影响效应的相关研究方面已较为成熟，无论是在理论上还是在方法上都为本书的研究提供了借鉴和启示。近年来，国内学者在相关领域也做了较多有益的探索，但有关住房保障的全面系统的理论和实证研究并不多。从总体上看，国内研究存在两方面不足：一是缺乏对城市住房保障发展水平的科学评估及其影响机制的考察，这是中国特有的也是更值得研究的；二是分析角度大多借鉴国外，对中国政府亟须解决的问题研究不足，缺乏住房保障对中国住房市场到底产生何种影响的研究。这些都为本书的研究提供了空间。

本书的结构安排如下：第0章为引言，具体阐述本书的研究意义、国内外的研究现状及发展动态和本书的理论基础。第1章为国外住房保障制度发展概述，分析主要国家或地区的住房保障制度运行、供给体系、资金来源、运营模式等内容，总结可借鉴之处，以及给我国住房保障发展带来的启示。第 2 章为中国住房保障发展现状及存在的问题与未来发展趋势，系统地梳理了我国城市住房保障的发展历程、发展现状、存在的问题及未来发展趋势。第 3 章为中国城市住房保障发展水平测度及影响因素，对全国 153 个城市的公共租赁住房申请准入政策进行全面梳理，总结各类准入政策的基本特征，形成基础数据库，并对准入政策条件数据进行整理和量化，构建住房保障准入指数，以反映城市的住房保障水平，在科学评估的基础上，进一步挖掘城市住房保障发展的影响因素。第 4 章为住房保障对住房市场的影响效应，从尝试解决现有问题的角度出发，结合城市商品房销售价格数据和中国家庭金融调查（CHFS）的微观数据，实证分析发展住房保障对城市房价和家庭住房消费的影响，以此窥探对整个住房市场的影响。第 5 章为住房保障对居民消费的影响效应，实证探究发展城市住房保障对家庭总消费及发展型消费的影响，以此研究住房保障的外溢效应。第 6 章为住房保障与人口城镇化的耦合协调，基于面板数据，运用耦合协调度、趋势检验、空间自相关等方法分析住房保障与人口城镇化的协调度及其时空变化，进一步理清住房保障对城市居民需求的满足程度和空间错配情况。第 7 章为中国城市住房保障发展的政策建议，根据理论和实证研究，以重构地方政府激励机制，改革和完善住房保障制度，建立房地产调控长效机制为目标，提出有针对性的政策建议。

与已有相关研究相比，本书的创新点主要体现在两大方面。一是数据创新。由于数据缺乏，中国城市的住房保障发展水平难以准确衡量，住房保障会对房价、家庭住房消费、城市人口流动产生何种影响难以把握。笔者进行了大量的数据搜集整理工作，建立起地级及以上城市住房保障准入条件数据库，弥补了我国在相关数据库建设方面的空白。基于此数据库，笔者建立了中国住房保障发展水平测度指数，并结合 CHFS 微观调查数据和城市发展宏观数据进行影响效应的实证研究。二是方法创新。目前，国内针对住房保障制度的研究多为理论描述和定性分析，即使有数据统计分析，也仅在单一、短期的层面展开，缺乏系统性、多维度的量化比较。除了充分的理论探讨外，本书运用宏观和微观数据相结合的方法，选用合适的计量经济模型对我国城市住房保障发展水平及其产生的效应进行了系统评估和研究。

由于笔者水平有限，书中难免存在一些不足之处，恳请广大读者批评指正。

何春燕

2022 年 12 月

目　录

0 引言

0.1 研究意义

随着我国城镇化的进程不断加快，人口流动加快。2003—2016 年，房价快速上涨（见图 0-1），尤其是一线城市及主要二线城市上涨幅度惊人。全国住宅商品房平均销售价格从 2003 年的 2 197 元/平方米上涨到 2016 年的 7 203 元/平方米，年平均增长率为 9.6%；一线城市以深圳为例，2003 年住宅商品房平均销售价格为 5 793 元/平方米，2016 年飙升为 45 498 元/平方米，年均增幅为 17.2%①（见图 0-2）。房价上涨成为我国宏观经济调控关注的焦点问题。习近平总书记在党的十九大报告中强调："坚持房子是用来住的、不是用来炒的定位，加快建立多主体供给、多渠道保障、租购并举的住房制度，让全体人民住有所居"，明确了我国住房市场发展的目标、方向和路径。2019 年 12 月，中央经济工作会议提出建立与落实房地产长效机制，要求"全面落实因城施策，稳地价、稳房价、稳预期的长效管理调控机制，促进房地产市场平稳健康发展"，更加清晰了住房政策制定的思路；在延续"房住不炒"和建设长效机制的基调上，指出"要加大城市困难群众住房保障工作，加强城市更新和存量住房改造提升，做好城镇老旧小区改造，大力发展租赁住房"。习近平总书记在党的二十大报

---

① 数据来源：国家统计局。

告中再次强调:"坚持房子是用来住的、不是用来炒的定位,加快建立多主体供给、多渠道保障、租购并举的住房制度。"可见,稳定房价和住房保障仍是今后我国住房调控的主旋律。

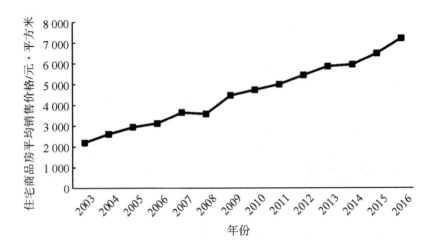

图 0-1 2003—2016 年全国住宅商品房平均销售价格

(数据来源:国家统计局)

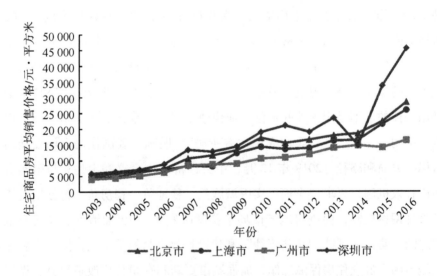

图 0-2 2003—2016 年一线城市住宅商品房平均销售价格

(数据来源:国家统计局)

房价上涨是我国宏观经济调控关注的焦点问题。为了促进房地产市场的平稳健康发展和保障人民的"住有所居"，国家出台了一系列多维度、"组合拳"式的调控政策。保障性住房（以下简称"保障房"）建设被提到一个全新的高度，受到政府决策层的重视，保障房数量快速增长。住房和城乡建设部的数据显示，"十二五"期间保障房累计开工 4 027.82 万套，建成 2 878.88 万套，超额完成"十二五"规划中提出的建设 3 600 万套保障房的目标。从保障房供地面积来看，2013—2016 年，保障房（经济适用房、廉租房、公租房）用地供应面积总计为 86 735.7 公顷（见图 0-3），占这一时期住宅用地总供应量的 21.4%①。从住房保障支出来看，中央和地方的住房保障支出不断增加。由图 0-4 可知，2009—2017 年，中央的住房保障支出从 26.43 亿元增加到 420.67 亿元，地方的住房保障支出从 699.54 亿元增加到 6 131.82 亿元。整体来看，住房保障支出占一般公共预算支出的比重从 2009 年的 0.95%上升到 2017 年的 3.22%②。根据住房和城乡建设部等四部门联合发布的《关于进一步规范发展公租房的意见》（建保〔2019〕55 号），截至 2018 年年底，3 700 多万困难群众住进公租房，累计近 2 200 万困难群众领取公租房租赁补贴。公租房保障有利于维护社会和谐稳定，推进新型城镇化和农业转移人口市民化，增强困难群众获得感、幸福感、安全感。如此大规模的保障房建设对改善中低收入群体住房条件具有重要意义（韩冰 等，2012）。

---

① 笔者根据 2014—2017 年中国国土资源统计年鉴计算。
② 数据来自 2010—2018 年中国统计年鉴。

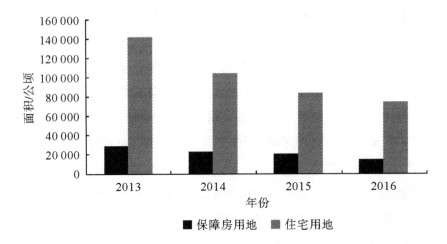

图 0-3　2013—2016 年保障房土地供应

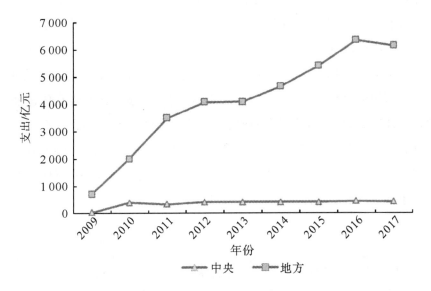

图 0-4　2009—2017 年住房保障支出情况

　　我国保障房建设无疑在解决城镇中低收入家庭、流动人口家庭的住房问题中发挥了重要作用，但大规模的建设也伴随着较多的问题。现有研究发现，保障房在建设资金、土地使用、可获得性及便利性方面都存在一系列问题，2012—2017 年城镇保障性安居工程跟踪审计结果指出存在骗取和侵占安居工程资金、住房和资金管理使用效率低、保障房用地被改为经营性用地等问题。造成这些问题的重要原因之一是城市住房保障水平无法准确衡量，中央政府难以对城市住房保障发展情况进行评估。要进一步完善保障体系，必须对目前各城市的住房保障水平进行科学评定。由于没有很好的衡量城市住房保障水平的指标，因而学界对发展住房保障能否从真正意义上对房价及家庭住房消费产生影响，影响的方向如何等问题，难以得到一致性结论。那么我国政府投入巨大的保障房建设是否取得了应有的效果？各城市的住房保障水平如何？城市住房保障行为的影响机制及未来改进方向如何？这些都是本书所做研究试图解决的问题。

本书所做研究的意义如下：

（1）理论意义。首先，本书系统分析了城市住房保障发展水平，以及其对住房市场的影响效应。由于该类问题属于中国特色问题，套用国外理论难以充分解释，加之国内相关系统研究较少且不深入，因而本书所做研究在住房保障理论分析上能够弥补现有研究的一些不足。其次，针对目前住房保障发展及影响效应的相关研究主要集中在理论层面，实证研究鲜见。笔者进行了大量的数据搜集工作，对全国各地级及以上城市的公租房申请准入政策进行梳理，形成基础数据库，以住房保障准入条件为视角提出衡量城市住房保障发展水平的指标；再结合城市宏观数据和具有代表性的微观数据进行实证研究。所得研究结果可以作为目前住房保障研究的重要补充。同时，住房保障准入数据库的建立可以弥补我国在相关数据库方面的空白，为今后的学术研究提供数据支撑，具有一定的理论价值。

（2）现实意义。首先，随着房价节节攀升，中低收入人群及外来务工人员的住房问题日益加重，住房保障成为关系我国国计民生的重大问题。提高住房保障水平在改善居民住房条件、引导理性消费及抑制房价快速增长方面发挥了积极作用。本书将科学评估各城市住房保障水平，深入探究城市住房保障发展的影响机制和产生效应，为解决住房保障工作中的公平与效率问题、完善保障制度提供对策建议。其次，政府是住房调控的执行主体，直接影响着住房政策的实施效果。本书还将以最大化社会福利为目标，深入探究政府的住房保障行为，对重构地方政府激励机制、改善住房保障政策效果及建立房地产市场平稳健康发展的长效机制具有重要的现实意义。最后，"因城施策"已成为未来我国房地产市场调控的主旋律，本书将分析各城市住房保障发展情况，明确住房保障"因城施策"的边界问题，对"因城施策"的具体落实及增强保障的精准性具有参考价值。

0.2 国内外研究现状及发展动态

0.2.1 政府在住房市场中发挥的作用

政府作为住房市场的管理者和参与者，在房地产市场调控领域的作用日益重要。Green 等（2003）总结了前人的研究，加入调查及实证分析，认为房地产市场存在一定的缺陷，需要有效的政府调控。同时，他们还认为政府制定一系列住房政策调控目标，能使其更好地履行政府职能。Quigley 等（2005）以北美地区为研究对象阐述了为什么政府需要对住房市场进行干预。他们认为政府的干预将有利于消费者权益的保护、减轻外部性影响、改善收入分配和解决低收入人群在住房上的一系列问题。Groves 等（2007）通过对新加坡、韩国、日本、中国等国家住房体系的分析，指出住房政策对改善住房福利至关重要。Malpass（2008）认为政府的住房政策的重点逐步从经济增长转向住房保障和人民福祉，认为福利水平越高的国家，其住房发展越好。Holmqvist 等（2014）以瑞典为例，提出政府对住房市场的监管与调控制度能助其更好地应对金融危机。国外学者还分别从货币金融、土地、税收等方面具体分析了政府如何调控住房市场。Bernanke 等（1995）在研究货币政策传导的信贷渠道时，分析了货币政策对住房市场的调节作用。Lacoviello 等（2008）以房地产市场为例，利用向量自回归（VAR）方法分析了英国、德国、芬兰、挪威四个国家房地产市场中货币政策传导的信贷渠道，重点测试了银行贷款渠道，结果表明住房金融结构体系特征（包括住房融资效率及金融机构类型等）对信贷渠道具有显著的影响。除了货币金融政策对住房市场的影响外，还有国外学者从土地政策入手进行分析。Glaeser 等（2004）实证分析了美国曼哈顿等地区从 20 世纪 90 年代起房价一路飙升的原因。他们的研究表明，收入的增加、贷款利率的降低等因素可以从需求侧解释房价飞涨，而土地使用监管限制政策导致住房供应的减少则从供给侧抬高了房价。Quigley 等（2005）也从美国加利福尼亚州的高房价和高住房成本为切入口分析了州政府土地规划调整对房价的影响。Floetotto 等（2016）用一般均衡模型从实证角度研究了政府税收政策对房价和住房福利的影响。

国内学者也充分肯定了政府在住房调控中的积极作用，并实证评估了调控政策的效果。刘洪玉等（2007）从地方公共品和外部效应出发论证了房地产市场中政府干预的重要性，并对房地产市场调控的原理和效果进行了评价。刘敬伟（2007）认为，房地产市场独特的市场性质和商品属性决定了房价必须通过政府的相关政策进行引导；我国政府也需要通过财税、信贷、货币金融政策等来达到对住房市场调控的目的。况伟大（2009）构建了"消费者-开发商和投资者-开发商"模型来研究物业税对房价的影响，结果表明对我国而言开征物业税对房价能起到明显的抑制作用，但其作用小于利率政策的作用。王松涛等（2009）的实证研究表明住房市场是货币政策传导信号的重要载体。安辉等（2013）利用 2002—2011 年季度经济数据构建 VAR 模型，并通过研究发现，住房调控政策是影响我国房价的重要因素，其中土地政策和住房保障政策对房价的影响效果明显且是长期的，货币政策和信贷政策的影响效果较小。杨恒（2014）提出我国政府为了应对房价上涨带来的一系列问题出台了较多的调控政策，但收效甚微，并从中央与地方政府关系、土地财政、地方债、住房保障、投资渠道等方面分析了调控作用不明显的原因。郭克莎（2017）认为住房市场需要有效的需求调控机制，未来人口总量、人口结构、货币供给、利率水平、经济和财富的增长、房价上涨预期及投资行为都将影响城镇住房需求总量，并以此为基础提出我国住房调控的目标与机制，认为应将居民的居住面积作为需求端调控政策的依据，形成合理的差别化的信贷、税收等政策，正确处理政府行政调控与市场的关系。彭爽等（2017）指出政府在住房市场管理中主要有宏观调控和微观调控两种方式，只有合理区分这两种方式的边界，理清各级政府在其中的作用，那么政府的住房调控才会产生明显的效应。叶剑平等（2018）对我国主要类型的调控政策效果进行评估，发现直接作用于需求端的住房调控政策在短期内可能效果不显著，其长期的作用效果是显著的，而作用于需求端的金融政策（如加息和提高首付比）的长期效果是不显著的，作用于供给端的土地政策和财政政策的长期效果是明显的。可见，目前国内外学者对政府调控住房市场的重要作用做了较为一致的肯定，对财税、货币金融、信贷、土地等多层次的调控政策效果进行了评估，对住房调控政策效果不明显的原因进行了剖析。

0.2.2 住房保障政策及准入条件

目前，国内外关于保障房制度的研究较为丰富，涵盖了建设、运营、管理、模式、机制等各个方面的内容，尤其是以美国、英国、德国、法国、瑞士、日本、新加坡等为代表的发达国家的经济发展水平和社会福利水平较高，它们的保障房制度建立早、发展完善，学术研究成果丰富，实践经验颇丰。而国内的诸多研究在借鉴国外做法的基础上，也充分论证了目前我国保障房制度中存在的问题及解决之道。由于统计数据的缺乏，目前国内关于住房保障水平量化评估及影响因素的文献成果鲜见，但关于住房保障制度的研究可以给我们一些启示。

住房保障是一个备受关注的全球性问题。进入 20 世纪以后，为解决工业化进程中城市居民的住房问题，大多数国家建立了住房保障制度，学者对住房保障政策进行了大量的研究。对住房保障政策的研究主要集中在政策设计和政策效果两个方面。在政策设计方面，Ohls（1975）通过建立住房市场过滤的一般均衡模型，发现政府大力建设保障性住房，并实施住房货币补贴政策，可以增加低收入人群的住房消费。Arnott 等（1999）进一步发展了住房过滤模型，分析了货币补贴、实物补贴和其他政策对住房市场的影响。在政策效果方面，Apgar 等（1990）认为，住房货币补贴可能是适当的，但效果并不总是最佳的。Laferrère 等（2004）发现发放住房补贴的效果优于政府直接建设保障性住房的效果。他们认为，住房补贴会增加住房市场的租金，从而难以评估这两个方案的整体福利。也有实证研究验证了住房保障对商品房市场的挤出效应（Walters，2009；Malpezzi et al.，2002）。Von 等（2017）研究了住房保障对非洲疾病控制和公共卫生的作用。Engelsman 等（2018）分析了美国纽约和波士顿经济发展较差地区的社区土地信托、保障性住房、社区组织之间的互动，提出可以通过社区主导的土地信托基金为低收入居民提供保障性住房。

在发达国家的保障性住房制度中，当住房市场严重供不应求时，政府会通过建设保障性住房进行干预。当住房短缺问题消失后，政府可利用市场机制解决居民住房问题（Bramley et al.，2005；Choguill，2007）。在美国、德国、新加坡、日本等发达国家，住房保障发展成熟，不再直接提供保障性住房，而是提供租金、税收补贴和财政支持（Bischoff et al.，2012；Noll et al.，2014；Hsiao，2020）。受经济进程、人口流动和城镇化的影响，中国的住房保障制度很难套用其他任何一个国家的模式，而是作为一个复杂系统出现（Wang et al.，2011）。也有大量文献试图明晰中国住房保障制度在过去几十年中是如何产生和发展的。Hu 等（2017）分析了城市政府对保障性住房的供给情况，重点研究了公租房、经济适用房和廉租房的土地供应在城市住宅用地供应总量中的份额。他们发现，土地财政依赖程度较高、财政自主权较大的城市不太可能将土地用于建造保障性住房。Fan 等（2019）和 Cai 等（2018）分析了地方执行住房保障政策的"路径-激励"模型，如行政性执行、实验性执行、灵活性执行和象征性执行。

流动人口，特别是从农村到城市的流动人口的住房负担能力较弱。流动人口没有城市户籍，难以享受到与城市户籍居民同等的住房、教育、医疗等方面的福利（Logan et al.，2010）。加之流动人口的工资收入普遍较低，或在没有社会保险的非正规部门工作，导致他们买商品房的压力较大。Cai 等（2018）和 Lin 等（2018）通过案例分析了北京等几个主要城市的公租房申请准入条件，发现针对不同户籍人群的准入条件存在差异。

关于农民工住房保障问题，现有研究主要集中在定性层面的探讨。在流动人口中，尤其是从农村到城市的农民工，由于缺乏社会经济背景，工资较低或在没有社会保险的情况下在非正规部门工作，在市场上购买商品住房的可能性较小，同时由于户口等因素的限制，难以享受到住房保障福利。Chen 等（2010）分析了上海的公共租赁住房计划，发现上海的公共租赁住房计划是一个有选择性的计划，其目标是吸引和留住人才以提高城市的经济竞争力，而较少考虑解决农民工等低收入流动人口的住房问题。

此外，住房保障发展的影响因素也受到关注。严荣（2014）从理论上分析了地方政府在保障性住房建设中的行为逻辑，指出国内外多数研究充分论证了在区位较差的区域集中建设保障性住房容易造成居住分化甚至隔离，但在我国，地方政府一方面需要完成中央政府保障房建设计划指标，另一方面又要考虑地方财力问题，因而会倾向于在城市边缘地区集中成片地新建保障房。在关于住房保障水平影响因素的研究中，大多数文献研究的是土地财政依赖、城镇化、经济发展水平、财政投入等经济指标的影响作用。谭锐等（2016）利用全国 105 个城市的数据实证分析了地方政府对土地财政的依赖与保障性住房建设的关系。褚超孚（2005）、余菊等（2009）、欧阳华生等（2014）通过对具体区域的实证研究发现，恩格尔系数、城镇化率、地方政府间住房保障财政投入的竞争会对住房保障规模及投入产生显著正向影响。

0.2.3　住房保障对房价的影响效应

住房保障可以同时从供给端和需求端影响房价。目前国内外学者关于住房保障与房价关系并没有得出较为一致的结论。住房保障主要分为货币补贴和实物保障两种形式。由于主要发达国家的住房保障起步较早，实物保障主要集中在初期住房短缺的时代，后期国外较多采用货币补贴方式对中低收入家庭进行住房保障，因而目前国外更侧重于有关住房补贴和房价或租金关系的研究。Susin（2002）通过对美国 90 个大都市区的调查发现，美国通过发放租房券（rent voucher）对中低收入家庭进行住房补贴，但租房券的发放将 90 个大都市区的平均租金水平推高了 16%，使没有获得租房券的低收入租房家庭所支付的总租金增加了82亿美元，而仅向租房券获得家庭提供了58亿美元的补贴，导致了这些地区低收入家庭出现24亿美元的净亏损。但 Eriksen 等（2015）提出发放货币补贴会推高租金的说法不能一概而论，他们通过对美国住房调查面板数据进行分析发现，租房券的发放不能明显推高整体租金的上涨，但不同地区存在差异性；在一些住房供给缺乏弹性的城市，租房券的发放会使租金的涨幅变大。关于保障房供给对房价的影响，国外学者也做了一些探索，但没有得到明确的结论。Murray（1999）、Lee（2006）等认为公共住房的建设会对商品房的投资建设产生明显的挤出效应，在供给受限的前提下，导致居民对商品房的需求增加进而促进房价上涨。但 Glaeser 等（2010）通过统计分析发现保障房对其周边房屋的价格会产生抑制作用，且距离越近，保障房对周边房价的负向影响作用越大。Albright 等（2013）运用时间序列分析新泽西州保障房建设的影响效应，发现保障房的开发与建设对当地商品房价格没有产生显著的影响。

国内学者关于住房保障对商品房价格的影响研究早期集中在理论分析阶段，近年来在实证领域也做了进一步的探索。吴锐等（2011）使用 VAR 模型检验保障房价格与商品房价格之间的关系。他们的分析结果显示，经济适用房会在短期内推高全国整体房价增速，但长期来看作用不明显。也有学者得出了相反的结论。王先柱等（2009）运用 1999—2007 年经济适用房建设及销售的面板数据，实证考察了保障房建设对商品房价格的影响，发现保障房作为价格更低的房源，可以分流住房需求，引起商品房价格走低。王斌等（2011）通过构建结构向量自回归（SVAR）模型检验住房保障对房价的动态冲击效应，研究结果表明经济适用房建设能够抑制房价上涨。潘爱民等（2012）基于省级面板数据得出短期内经济适用房建设的替代效应大于收入效应，导致整体房价降低，而收入效应会随着时间推移而不断增强，长期而言会推高房价的结论。我国学者还针对不同区域和不同情况展开探索。吴福象等（2012）在讨论住房保障对房价的影响作用时，对东、中、西部三个地区分别进行研究。他们发现，在我国东部和中部地区，保障房建设对普通商品房价格具有抑制作用，而在西部地区，保障房建设的外溢效应较为明显，在短期内会对商品房价格起到拉动作用。张旦辉（2017）认为：从需求端来看，保障房供给会对商品房的需求产生一定的替代作用，从而降低房价；从供给端来看，由于土地供给有限，保障房的建设会挤占商品房建设用地，商品房土地供应不足而引起房价上涨。他的实证检验结果表明，住房保障对普通商品房的价格具有抑制作用，对高档商品房的价格具有促进作用。

0.2.4 住房保障对消费的影响效应

国内外关于家庭消费问题的研究已经较为成熟，但关于住房保障对家庭消费影响的文献较少。Dipasquale（1996）较早提出保障性住房能够对居民的商品房需求产生替代效应，能够降低其计划购房比例，从而使社会总消费得以提高。但这一论断并没有严谨的实证检验。其后，国外学者开始实证研究相关问题。Sinai 等（2002）运用美国人口普查数据、住房与城市建设部（Department of Housing and Urban Development）数据研究公共住房和住房补贴政策，发现政府补贴住房会对商品房产生一定的挤出效应，可以提高居民的生活质量和消费水平。Le Blanc 等（2001）通过分析法国 1996 年的住房调查数据发现，法国政府提供的公共住房租金至少比市场租金低 60%，享受公共住房的家庭的住房相关消费能提升 10% 以上，其他商品的消费能提升 11% 以上。可见，保障性住房对家庭消费会产生扩张效应。部分学者通过对我国住房保障发展情况进行研究，也得出了相似的结论。高波（2010）结合我国住房保障的实际情况，分析了经济适用房及租赁补贴对消费扩张的影响。他提出住房保障可以抑制房价飞涨，促使房价稳定，通过财富效应来扩大高收入阶层的消费需求，同时满足了中低收入群体的住房需求，降低了家庭的预算约束，对中低收入群体的消费也具有显著的促进作用。陈章喜等（2012）运用我国东部 15 个城市 2000—2009 年的面板数据来分析住房保障与居民消费数量及消费结构的关系。他们通过经济适用房销售额占住宅商品房销售额的比重来衡量城市的住房保障水平，发现住房保障对居民消费有显著的正向影响，从而拉动经济增长。周航等（2016）采用1999—2010年全国29个省（自治区、直辖市）的面板数据进行实证研究，发现保障房供给能够刺激居民消费。还有学者发现，住房保障在促进消费上存在一定的门槛效应，陈健等（2012a）基于汉森（Hansen）面板门槛模型的实证分析得出我国有助于扩大消费的保障房覆盖率的最优区间的下限为9.37%、上限为19.22%。陈健等（2012b）提出保障房供给存在门槛，只有跨过门槛，才能发挥房价的财富效应，进而促进消费。

同时，住房保障属于政府支出行为，主要目的是改善民生，因而关于政府民生支出对家庭消费影响的文献也可以给予我们一定的启示。已有研究表明，政府支出对消费的影响主要表现为两种效应：挤入效应（Karras，1994；Schclarek，2007；胡书东，2002；胡永刚 等，2012）和挤出效应（Ho，2001；申琳 等，2007；徐忠 等，2010；蔡伟贤，2014）。不同类别的政府支出对家庭消费的影响是不同的，关于政府民生支出的影响主要包括三类：①教育支出对家庭消费的影响；②医疗卫生支出对消费的影响；③社会保障支出对消费的影响。Barnett等（2010）利用中国部分省份的数据进行实证分析，发现政府的医疗卫生支出对居民消费会产生显著影响，而政府的教育支出对消费产生的作用不明显。Emanuele等（2010）运用1990—2008年经济合作与发展组织（OECD）成员的面板数据建立基本消费模型，发现政府的教育、医疗卫生支出会对消费产生挤入效应。丁颖（2011）运用部分省份的面板数据进行实证研究，发现政府教育支出的增加对居民消费将产生挤出效应。成峰等（2017）使用中国56个地级市2010—2014年的微观家庭面板数据，运用固定效应模型及分样本回归方法，分析财政民生支出对家庭消费的影响，发现政府的教育支出对居民消费的影响作用最为显著，医疗卫生支出仅对中、东部地区的居民消费起作用，社会保障支出对无自由住房居民的消费具有正向影响。可见，关于政府支出对家庭消费的作用方向，已有研究并没有得出一致的结论，关于社会保障水平对消费影响的研究也表现出这种不确定性（Modigliani，1975；Barro，1979；Blake，2004；方匡男 等，2013；沈梦颖 等，2020）。

0.2.5　人口城镇化与住房保障

随着中国人口城镇化进程的不断推进，住房供需失衡导致住房价格高企。对于普通的外来低收入劳动者而言，想要在城市拥有一套住房绝非容易之事。由于住房保障资源相对有限，各城市政府在制定相应的政策时，会更多地倾向于保障本市户籍人口（Hui et al.，2006），对于外来流动人口而言，住房保障的准入门槛较高。在外来人口为城市发展提供动力的同时，如何加快外来人口的社会融合对于城市发展尤为重要。其中，外来人口的住房保障是促进外来人口社会融合的最基本条件。因此，探究中国人口城镇化与住房保障水平是否协调具有一定的现实意义。目前，专门针对人口城镇化与住房保障耦合协调的研究鲜见，但是从人口城镇化的相关研究可以得到一定的启示。

根据联合国的世界城镇化预测报告，1950 年时全球只有 30% 的人口居住在城市，而 2018 年时城市人口占 55%，预计到 2050 年将达到 68%。许多学者对城镇化背后的驱动力进行了研究，发现经济增长和产业结构是核心驱动力（Davis et al.，2003；Borck et al.，2010；Greunz，2004）。城市规模、资源配置效率、生产率、就业率、公共服务等也与城镇化水平密切相关（Glaeser et al.，2010）。目前，气候变化对城镇化的影响逐步成为研究热点（Henderson et al.，2017）。城镇化发展的定量分析方法包括指标体系法和模型法。指标体系法通过评价一系列多维指标来衡量城镇化发展，这种方法综合考虑了社会、经济和环境等多方面因素，适合于分析综合性研究对象（Liu et al.，2011）。与指标体系法相比，模型法可以更客观地研究城镇化发展，相关模型主要来自经济学、社会学、生态学和系统学，如重力模型、格拉姆-施密特（Gram-Schmidt）正交化方法、数据包络分析（DEA）模型等（Park et al.，2017；Mulligan，2013；Olsson，1970；Ji et al.，2019）。此外，城镇化驱动因素模型还包括空间滞后模型、空间误差模型、空间杜宾模型和面板回归模型（Li et al.，2021）。

美国的城镇化进程始于 19 世纪末，在工业化带动下，美国的城镇化水平快速提高。20世纪下半叶，美国取代欧洲成为世界经济发展的中心，20世纪末，美国城市人口进一步增加到9 650万人，城镇化率达到63.6%。西部大开发战略的实施使东、西部城镇化差距缩小，改变了发展不平衡的局面（Short，2007）。1950年以来，美国实现了高度城镇化，经济社会结构发生了重大变化。2000年，美国的城镇化率为79.1%，第二、三产业产值占国内生产总值（GDP）的比重达95%，非农劳动力人口占总人口的比重达87%（Wilson et al.，2012）。高科技和现代服务业在城市经济中的主导作用日益增强，经济社会结构的变化冲击着城市人口和经济的空间分布，城市人口的大都市化和郊区化成为城镇化的两个显著特征（Pacione，2009）。在人口城镇化相对成熟的美国，美国各州的人均地区生产总值相差无几（Alig et al.，2004）。与美国相比，中国各省份的地区生产总值占GDP的比重较为均匀，同时各省份的地区生产总值占GDP的比重与其人口占总人口的比重差距较大，这就导致中国各省份的人均地区生产总值差距较大，从侧面说明中国经济的集聚与人口的集聚未能同步。在我国，人口城镇化可以促进教育城镇化，主要体现在许多学龄人口从农村向城市迁移，长期的经济增长依赖于劳动生产率的不断提高，而在一般情况下，劳动生产率的提高主要依赖于教育（Goldin et al.，2008）。Lin等（2018）指出我国土地城镇化速度明显快于人口城镇化速度，但人口城镇化的发展质量优于土地城镇化，且这两者逐渐趋于协同发展。

中国的城镇化进程不断推进，与此同时，住房供需逐步失衡导致了高房价。对于普通的低收入农民工来说，在城市拥有一套房子是具有挑战性的。在住房保障供给方面，城市政府结合地方财力，重点关注本市户籍人群，可能导致住房保障并不能跟上人口城镇化的需求。在讨论中国住房保障问题的文献中，大多数研究者侧重于对政策变化和实践进行研究（Chen et al.，2014；Zhou et al.，2017），或通过案例研究评价居民对住房保障的满意度（Gan et al.，2016；Huang et al.，2015）。Li等（2019）发现投资驱动下的耕地占用率不断上升，建议政府根据当地人口迁移的变化趋势制定建设用地供应政策。

0.2.6　文献述评

首先，国外在住房保障及其对住房市场的影响效应的研究方面较为成熟，无论是在理论上还是在方法上都为后面的研究提供了良好的借鉴。国内学者近年来在相关领域也做了较多有益的探索，但有关住房保障的严谨的实证研究不多。总体上看，国内研究存在两方面不足。一是缺乏对住房保障水平的科学评估及影响机制的考察。这是中国特有的也是更值得研究的。二是分析角度大多借鉴国外，对中国政府亟须解决的问题研究不足，缺乏住房保障对中国房地产市场到底产生何种影响的研究。

其次，在住房保障对居民消费影响的研究方面，住房保障属于地方政府财政支出内容，但这种支出行为是否能够促进消费和扩大内需，如今还没有较为一致性的结论。有些研究所选取指标已不符合中国住房保障发展现状。例如，有些学者尝试用经济适用房销售额占住宅商品房销售额的比重指标来衡量地区保障性住房发展水平。由于经济适用房这种产权式保障房暴露出较多问题，我国从 2010 年以后开始逐步停建经济适用房，而侧重于公租房、廉租房等租赁型保障，因而经济适用房销售额等指标已经无法衡量我国的住房保障水平。国内相关研究缺乏实证分析，即使有部分学者尝试进行实证研究，运用的也是地级市及以上级别的宏观数据，考虑的是社会总体消费情况，缺乏微观层面的研究，而家庭的微观消费行为能很好地反映家庭的消费数量及结构。

最后，无论是从中国人口城镇化的进展还是从城镇化未来的发展趋势等进行考量，中国人口城镇化与城市住房保障的提供都存在一定的耦合度，如何协调二者的发展极为关键。现有的研究主要集中在城镇化与教育、环境和土地利用等公共服务之间的空间耦合关系，很少有研究考察住房保障供给与人口城镇化之间的耦合协调问题，这些都为我们的研究提供了空间。

0.3　理论基础

0.3.1　市场失灵理论

"市场失灵"一词最早由美国经济学家弗朗西斯·巴托（Francis Bator）于 1958 年提出。市场失灵理论认为当市场资源配置低效率或失去效率时，就会出现市场失灵。一些西方经济学家认为，完全竞争的市场结构是资源配置的最有效方式，但完全竞争的市场需要满足苛刻的理论假设前提：①数量众多的生产者和消费者。由于有大量的生产者和消费者，每个人的行为都是微不足道的，不能影响市场整体的总供给和总需求，因而每个人都是市场价格的接受者，排除外部性。②所有商品都是同质的。这确保了商品的同一性，无论谁来购买或销售都是完全一样的。③生产要素在各行业之间自由流动。生产者有充分的自由进入和退出一个行业。④信息与知识的完全性。生产者和消费者获得信息的渠道通畅，完全掌握市场和行业信息。西方古典经济学家认为，在"看不见的手"的调节下，供求关系会让社会生产达到最优化，市场自动出清，经济活动可以均衡有效地进行。但事实是，完全竞争市场的条件在现实中根本不可能达到，资本主义社会的经济危机让人们质疑市场真的能完全靠自动运转来调节好经济。而后，经济学家提出"市场失灵"理论，他们认为现实中存在垄断、外部性、信息不完全或不对称、公共物品等情况，仅依靠市场配置资源无法实现效率的帕累托最优化，这时会出现市场失灵。从更广义来看，市场本身无法很好地解决社会公平和经济稳定问题，那么这时就需要政府出面干预。正如美国经济学家斯蒂格利茨（Stiglitz）在《社会主义向何处去?》（*Whither Socialism?*）一书中所指出的，市场并不是完备的，市场失灵问题需要政府集中精力进行干预。市场失灵理论是连接新古典微观经济学和凯恩斯宏观经济学的重要桥梁，"市场失灵"与"政府干预"被著名经济学家曼昆（Mankiw）称为"经济学十大原理"之一。

斯蒂格利茨认为政府具有强制职能，能够做很多市场无法完成的事情，因而政府干预的主要作用就是弥补市场失灵。根据西方经济学理论，政府干预市场主要为了解决以下几个方面问题：①垄断。在理想的完全竞争市场，生产者和消费者所掌握的信息完全一致，厂商竞争激烈，进入和退出市场没有成本。当垄断形成以后，垄断价格由一个或少数几个厂商联合制定，消费者由于无法获得透明的信息，难以去还价，从而接受垄断价格。同时，垄断企业可以抬高进入壁垒，排挤竞争者，从而导致行业难以进步和发展，收入分配不平等和社会福利水平下降，此时已经无法依靠市场来调节价格和供求关系，市场失灵，需要政府采取措施来保证竞争的有效性。政府一般可以采取立法和市场监管的方式解决垄断问题，如各个国家都颁布了反垄断相关法律，对一些大型企业进行反垄断调查，从而维护市场的竞争性。②外部性。从经济学来看，外部性是指某个生产者或消费者的行为对其他人的福利产生有利或不利影响。简而言之，就是个人收益与社会收益、个人成本与社会成本不一致的现象。当外部性问题出现时，难以通过市场的自发调节来达到资源的最优配置，这时政府应该承担起干预责任。如公共物品就是一种典型的具有外部性的物品或劳务，具有非竞争性和非排他性，每一个人的消费不能排除其他人的消费，那么公共物品则会出现"搭便车"问题，市场机制不可能自发产生公共物品供给，则只能由政府进行供给。③社会分配不公平。"福利经济学"之父庇古（Pigou）提出，由于边际效用递减，富人的收入越多，其在总收入中用于消费的比例就越小。那么如果能把富人的部分收入转移给穷人，穷人增加的满足程度大于富人损失的程度，那么社会的总福利就可以增加。但是市场机制不可能完成这种收入分配的相对平等，政府此时应该加强对收入分配的干预，从而增加经济福利。④经济的周期性波动或危机。市场机制本身就会遇到经济周期性波动甚至经济危机，需要政府的干预来实现稳定经济的目标。凯恩斯（Keynes）关于国家干预最重要的理论就是：当经济处于萧条时期，政府采取扩张性宏观政策；在经济膨胀时期，政府采取紧缩性政策。他主张采取积极的财政政策，以刺激有效需求，实现充分就业。

0.3.2　住房市场失灵理论

市场失灵导致无法实现效率的帕累托最优，引起市场失灵的主要原因有垄断、外部性、信息不对称、公共物品等。住房市场的失灵主要表现在以下几个方面：

（1）住房市场的垄断性。

首先，土地市场供给的垄断。土地资源是有限的，在短期内，土地的供给难以增加，其供给弹性较小，但需求弹性往往较大。其次，房地产行业存在资金壁垒和行政壁垒。在房地产开发建设过程中，需要大量的资金。房地产企业在进行融资时也面临各种门槛。这个行业本身的特征决定资金规模较小的企业难以进入或容易被淘汰。同时，房地产行业有严格的准入制度。在开发项目之前，房地产开发商需要通过多个行政部门的审批，相关手续较为繁琐。最后，住房产品本身的垄断属性。住房产品与一般的商品不同，是受地理位置、空间分布、通风采光等多种因素影响的综合体，且具有不可移动性，无法在市场上自由流动，只受当地住房市场供求关系的调节。这种不可移动性还会造成住房的区位垄断问题。房地产开发项目在不同的区位进行，区位异质性越大，企业间的相互竞争越小，优势企业操控价格的能力越强，垄断的可能性越大。

（2）住房市场的外部性。

根据外部性的定义，我们可以看出住房市场具有较为明显的外部性特征。住房市场同时存在正外部性和负外部性。正外部性表现在：房地产开发项目除了进行住房建设，还建设了周边的基础配套设施，为相邻区域居民的生活带来便利，同时拉动其他相关住房或物业项目的建设。负外部性表现在：住房开发时给相邻区域居民带来的噪声污染，道路占用给居民生活带来不便等；城市或国家过度开发住房市场，经济增长过分依赖房地产发展，造成产业结构不均衡；过高的房价会导致房价泡沫风险问题和低收入人群住房困难问题，给经济发展和社会稳定带来不利影响。

（3）住房市场的信息不对称。

房地产交易活动就是开发商与消费者的博弈，双方在住房成本、质量、权属等信息上存在严重不对称。开发商比消费者掌握了更多的信息，具有绝对的信息优势，从而形成垄断价格；而消费者由于信息缺失只能被动接受开发商制定的价格和承担相应的风险。住房市场的信息不对称主要体现在权属信息、价格信息、质量信息三个方面。第一，住房权属信息主要由房地产管理部门掌握，消费者获取相关信息存在一定的条件限制和渠道限制，而且住房产权类型多样，且附属在产权之上的物权也较为复杂，消费者难以全面把握权属信息。第二，房地产开发商为了维持高房价，会对一些影响住房价格的重要信息保密，形成价格信息的不对称。第三，开发商掌握了住房产品的质量信息，但消费者即使在使用中，也不能完全了解其质量问题，更不用说在购买或使用之前充分掌握质量信息，这就是质量信息的不对称。

（4）部分住房的公共物品属性。

居住是人的基本权利。低收入人群往往因收入较低而无法通过市场解决居住问题，但居住问题必须解决，因而像公租房等城市保障性住房具有准公共物品属性，局部上呈现非竞争性和非排他性。市场基本不提供保障性住房等准公共物品，因此必须借助政府来提供和分配保障性住房。可见，在市场经济条件下，住房除了具有商品属性，还具有社会保障属性。

0.3.3 政府管制理论

住房市场失灵会带来效率低下、资源浪费、社会福利损失等一系列问题，需要政府进行调节和管制。可见，政府针对住房市场的垄断、信息不对称、外部性等问题进行调控是合理的。

政府管制是指政府对市场采取干预行动，通过控制、修正生产者或消费者的行为来达到特定目的。政府管制理论与实践从20世纪70年代开始快速发展，逐步成为经济学的新兴领域。管制经济学由美国著名经济学家斯蒂格勒开创。传统的政府管制理论普遍认为很多行业都存在垄断、外部性、信息不对称、公共物品等市场失灵情况，为了纠正市场失灵，弥补市场缺陷，维护公众利益，政府应直接对这些行业中的经济主体行为进行管制和干预。但这种单纯以福利经济学原理分析政府管制的方法并不完全适用于现实情况。事实上，政府在管制中出现了较多的低效率情况，即政府失灵，如公共决策失误、财政赤字严重、制度僵化、寻租等。这些低效率的问题让经济学家开始对以"公共利益理论"为核心的传统政府管制理论进行思考和质疑。

1962年，斯蒂格勒在《管制者能管制什么》中首次将政府的"管制"视为"商品"，对"管制"进行供给-需求分析，认为受管制者通过某些形式来获得需要的"管制"商品，谋求自身利益，而政府官员为了政绩、选票或其他形式的回报而提供相应的"管制"商品。1971年，斯蒂格勒又在《经济管制论》一文中明确提出"服务于受管制产业利益"的观点，也就是说政府管制其实是为最大化利益集团的收益而服务的。他明确提出政府为了公共利益而管制的观点是理想化的，政府提供的管制是与产业部门的需求相结合的，从而最大化双方的利益。而后，一些经济学家也通过理论和实证研究证明政府管制的真正动机并不是像其宣传的那样保护公众利益，反而更多的是维护生产者的利益，从而谋求政府自身的利益。

1 国外住房保障制度发展概述

西方国家用两三百年的时间实现了工业化和城镇化。欧美等发达国家在解决住房问题上取得了丰富的经验，其住房保障制度建设也各具特色。本章将对住房保障制度实施比较典型的国家及地区进行分析，明晰应确立怎样的保障体系、保障性住房的建设资金从何而来，以及保障性住房如何运营等问题。

1.1 美国

1.1.1 公共住房

公共住房是指由政府为城市低收入住户建造和维护、收取低于市场同等居住条件住房所需租金并由政府管理的住房。此类住房的建造权、所有权、管理权均永久归属于政府。建造公共住房所需资金可以采取发行债券这种方法来筹集，但由美国联邦政府支付本金和利息。公共住房收取的租金用于修缮房屋和维持其正常运作，但如果租金无法支撑房屋的修缮和日常运行，则由联邦政府提供资金上的资助（刘友平 等，2012）。

1.1.2 联邦政府资助开发自有租赁住房

自有租赁住房是指由私人开发商修建和管辖，由联邦政府提供资金和帮助开发的住房。联邦政府在房屋建成后的一段时间内通过抵押贷款利率补偿、租金补贴等形式给予私人开发商资助，并对这些住房的租户选择与租金机制进行规定。联邦政府停止资助之后，私人开发商可随意处置这些住房，包括以市场价出租等。联邦政府对私有租赁住房开发的资助主要包括低息贷款、税收抵扣和房租补贴三种方式。其中，低息贷款主要有三种方式。一是联邦政府担保抵押贷款——私人开发商在投资建设满足联邦政府要求的自有租赁住房的同时，还可以从私人放贷商处获得部分贷款，这些贷款被称为住房抵押贷款，它们不仅由联邦住房管理局提供证明保障，并且利息比率低于市场平均值（高恒 等，2022）。由于低息贷款降低了开发商的融资成本，因此开发商可以在保证一定收益的情况下以较低租金对外出租这些住房。私人放贷商可以把贷款以债券的形式卖给房利美等机构。二是联邦政府直接给予开发商利息补贴。三是联邦政府直接提供长期低息贷款。

1.1.3 公寓类 REITs[①] 和非公寓类 REITs

公寓类 REITs 是一种开发或购买持有、管理、运营房地产的企业实体，而非仅指一类特殊的房地产信托融资工具，其法律实体既可以是公司也可以是信托机构。公寓类 REITs 在政策上享受税收优惠，但必须将募集的资金运用于公寓持有与运营。美国公寓类 REITs 主要采用伞形合伙 REITs（Umbrella Partnership REITs，UPREITs）运营模式，该模式融资较少且依赖于债务融资，更多地借助 UPREITs 公司主体发行私募股权债务基金。机构投资者可通过自有资金、不动产物业等形式投资 UPREITs 公司，获取有限合伙人（limited partnership，LP）或者运营合伙人（operation partnership，OP）资格换取股权，机构投资者在获得财产转移税豁免的同时获取运营收益分红。

公寓类 REITs 既是运营主体也是资金管理机构。多户 REITs 的运营管理主要包括持有购买/自建、融资、装修配置、运营管理、渠道营销、出租/出售几个环节。物业获取以购买为主流方式，除排名靠前的四家多户 REITs 运营商及 2 家高端住宅运营商部分采用自建的方式获取物业，其余

---

① 不动产投资信托基金。

均以购买方式持有物业。公寓类 REITs 的运营模式如图 1-1 所示。

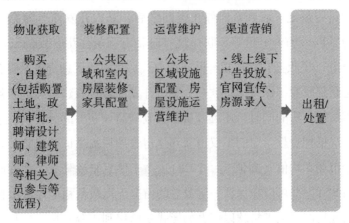

图 1-1 公寓类 REITs 的运营模式

非公寓类 REITs 较公寓类 REITs 更为分散，但持有及管理房屋总量远高于多户 REITs。非公寓类 REITs 的运营公司多为综合型开发运营商，它们的运作方式主要有自建（或者通过购买持有）、持有、管理出租一体化运营，部分接受第三方房屋托管。非公寓类 REITs 的运营公司的前期融资模式除传统的银行贷款模式外，还包括开发商股权融资、第三方投资者股权融资、夹层贷款、发行优先债券。在以上模式中，第三方投资者股权融资模式在当下被普遍应用，而通过开发商进行股权融资这类模式则运用较少。非公寓类 REITs 的运营模式如图 1-2 所示。

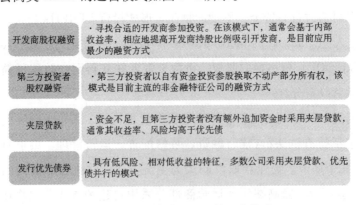

图 1-2 非公寓类 REITs 的运营模式

1.2 加拿大

1.2.1 公共住房

公共住房归市政府所有，并由其供给和管理。过去，公共住房主要由联邦、省政府主导建设，而现在为了减少财政赤字，联邦、省、市三级政府用于此方面的支出有所下降。公共住房由省政府和市政府负责管理，以市政府为主。以多伦多市为例，多伦多市的公共住房统一交由多伦多社区住房公司管理，目前仅出租给低收入家庭。

1.2.2 非营利住房

非营利住房分为两类：一类为个人非营利住房，由个人开办的非营利住房机构——社区组织（CBOs）供给，教会、福利俱乐部、老年人组织、协会、文化组织等可以被认定为社区组织；另一类则是公共非营利住房（詹浩勇 等，2012），由政府创办的非营利住房机构——政府住房公司提供和管理，公共非营利住房主要是市属的。非营利住房对外出租，政府通过租金补贴计划，对低收入租户进行补贴。加拿大典型非营利住房项目的建设及运作情况如表1-1所示。

表1-1　加拿大典型非营利住房项目的建设及运作情况

项目名称	鲍勃德沃住房项目	住房机会伙伴（housing opportunity partnership，HOP）住房项目	摄政公园住房项目（项目类别：再开发项目）
所在地	埃尔伯塔省卡尔加里市	曼尼托巴省温尼伯市	安大略省多伦多市
项目规模	总投资金额：490万加元	总投资金额：400万加元	总投资金额：10亿加元

表1-1(续)

项目名称	鲍勃德沃住房项目	住房机会伙伴 (housing opportunity partnership, HOP) 住房项目	摄政公园住房项目 (项目类别: 再开发项目)
目标群体	年龄35~64岁的罹患精神疾病者、残疾人及低收入人群	低收入家庭	部分住房出租给低收入家庭,将改造成混合社区
参与主体	公共部门、卡尔加里住房建设商基金会(CH-BF)、住房地平线协会、卡尔加里无家可归者基金会	住房机会伙伴组织、温尼伯住房与无家可归者支持计划组织(WHHI)	公共部门、多伦多社区住房公司、丹尼斯公司
资金来源	联邦人力资源与社会发展部捐助100万加元(社区计划),埃尔伯塔省捐助15万加元(社区提升计划),卡尔加里市政府资助93.5万加元同等价值的土地,卡尔加里住房建设商基金会资助89万加元,卡尔加里无家可归者基金会资助76.33万加元,其他组织捐助	HOP筹备50万加元,联邦人力资源与社会发展部提供50万加元,温尼伯市住房地产管理局资助2.5万加元,温尼伯住房与无家可归者支持计划组织资助150万加元,其他资金	联邦及省政府的可负担住房倡议基金提供161万加元,私人部门进行融资,租金收入,多伦多社区住房公司捐助,多伦多市政府发放的运营补贴,其他资金
运营与管理	租金价格为每周270至330加元,不得多于家庭支出的30%;日常运营和管理支出来源于租金收入,不再依赖政府资金来维持	—	用于项目开发的土地可以低于市场价格的方式获得;项目设计、融资及建设可以由竞标方式决定,从而选择私人部门来参与;管控机构的创立要以合同为核心,以此保证私人部门能够履行相关职责;多伦多社区住房公司(Toronto Community Housing Corp,TCHC)与丹尼斯公司形成利益共同体,共同承担风险(李进涛等,2012)

1.2.3 合作社住房

合作社住房是加拿大社会住房的重要方式。其资金来源一般为工会或银行贷款，利息为11%，加拿大抵押与住房公司对此类住房予以支持。房屋建好后不允许出售，只能租给合作社成员或低收入者。除本金外，租户只需付2%的利息，剩余9%的利息由加拿大抵押与住房公司贴息补助。加拿大抵押与住房公司1992年的研究显示，合作社住房比公共住房少支出40%的运营费。第一个原因是两者的目标群体不同，合作社住房属于混合居住社区，而公共住房的供给对象是低收入家庭；第二个原因是两者的管理方法不同，让居民参与是合作社住房管理方法的核心体现，相反，公共住房则是采用员工管理的办法（詹浩勇 等，2012）。

1.3　德国

德国的社会住房主要分为两种：一种是社会租赁住房，其建设主体包括市政住房公司、私营住房公司、公共住房公司等非营利机构；另一种是合作社住房，其建设主体是住房合作社。

1.3.1　社会租赁住房

德国的社会租赁住房主要有两种：一是用联邦、州、市政府的住房建设基金建造的、向低收入者出租的住房；二是由房屋投资商或私人在自有资金达到项目投资的15%以上时，向政府申请免息或低息（利率仅为0.5%）贷款建造的、产权归业主所有的，但在规定的期限内（一般为15年或20年）必须以成本租金出租给低收入家庭居住的住房。超过规定期限后，业主便可以依据相关规定自定租金。

德国社会租赁住房建设遵循主体多元、资金来源多渠道的原则，尽可能调动多方力量参与住房建设。笔者通过德国北威州的一个社会租赁住房实例（见表1-2）对德国社会租赁住房建设模式加以说明。

表 1-2　德国北威州的社会租赁住房实例

项目名称	德国北威州社会租赁住房工程
所在地	德国北威州杜伊斯堡市
项目规模	2栋3层的住宅楼，共计20套住宅，其中18套为社会租赁住房
供给对象	低收入群体
建设模式	该工程从北威州住房援助机构（WFA）获得低息贷款。贷款的前提条件是业主必须拥有不少于20%的个人持有资金。此外，业主还须通过信用评价。 　　拉都兄妹作为工程业主申请的社会租赁住房固定期限为20年，并且获得了北威州住房援助机构和杜伊斯堡市政府提供的低利息贷款
资金构成	社会住房建设工程的投资预算大多由相关咨询机构编制，包括土地、建设、管理等成本。杜伊斯堡市社会与住房局在业主申请获得低息贷款时对其资料进行审核。按照给出的预算估价，业主能够通过咨询北威州住房援助机构或者杜伊斯堡市社会与住房局来确认最终的低息贷款额度。 　　该工程的资金来源（邓大亮，2009）： 　　（1）北威州住房援助机构提供的低息贷款。总金额为120.42万欧元，0.5%的年利率，0.5%的管理费年费率，1%的年归还本金额。 　　（2）杜伊斯堡市提供的低息贷款。总金额为4.4万欧元，0.5%的年利率，1%的年归还本金额。 　　（3）自有资金。总金额为37.95万欧元，恰好超过工程预算价的20%，其中包含16.95万欧元的现金、21万欧元的自助服务估价。拉都兄妹为该工程的业主，并担任一家设计咨询公司的主管，能够进行施工管理和工程设计。咨询机构对其进行评估后给出的设计和管理费用为21万欧元。 　　（4）商业银行贷款。因为自有资金和低息贷款没有达到要求，即少于工程预算价，业主申请了26.5万欧元的商业贷款，贷款年利率为4.7%，贷款每年归还本金为1%
运营与管理	北威州《社会住房促进细则》按照各地物价水平不同，规定了四种不同的租金上限，每种租金上限又分为低收入群体A和低收入群体B两种类型。低收入群体A的租金由法规和统计数据确定，低收入群体B的租金根据比低收入群体A收入高20%的方法来确定。 　　一般情况下，业主第一年的还款额度以等额还款的方式确定，所以杜伊斯堡市社会与住房局处理低息贷款申请时的唯一指标是业主首年的盈利状况，目的是让业主有合理的利润

　　德国相关法律规定，不管建设主体是谁和房屋产权属于谁，作为政府给予优惠的社会租赁住房，必须在一定年限内以低于市场的租金出租，以解决低收入者的住房问题；住房的分配权属于地方政府，以解决社会租赁

住房的准入问题。社会租赁住房的分配实行轮候制。承租人需要与政府或社会租赁住房经营商签订租房合同,承租人依照合同缴付房租和营运费(水、电、气费和物管费)。政府提供的租金补贴的对象可以是家庭特别困难、缴不起房租者(黄清,2009)。

承租社会租赁住房的家庭每年要向政府住房局申报家庭收入,经审核超过标准收入水平的,则应搬离社会租赁住房;如不愿意搬离的,则应按市场租金向政府或经营商交纳房租,其房租的增加部分全部交给政府,用以补充住房建设基金或发放住房补贴。如果承租人完全不属于社会租赁住房的对象,则承租人需交纳"错误分配费",且"错误分配费"根据每年计算一次的收入证明来计算。"错误分配费"、收取的社会租赁住房租金,以及按市场价收取的租金专款专用,用于社会租赁住房的修缮和接下来的建设。

1.3.2 住房合作社所建造的住房

德国住房建设的重要组织形式是合作社住房(徐旭初 等,2008)。德国住房合作社的建房资金来源包括社员入股交纳的股金、政府的贴息贷款和税收减免、社会捐助等。另外,有40家住房合作社拥有自己的储蓄机构,会员们将个人储蓄存入合作社的储蓄机构以获得比商业银行更高的利息。

德国政府对住房合作社所建造的住房予以多种多样的政府扶持:其一,提供长期低息贷款并予以借款保障;其二,供应具有高性价比的用地;其三,降低税收;其四,补偿房租,合作社房屋如用作向社员出租,则当地政府在必要时可补偿部分房租,使租金水平下降至一般社员可以承担的程度(黄克,2015)。

住房合作社建成房屋后,社员按照自己家的人口和结构情况,根据合作社规定的房屋技术标准和实际需求提出申请。而后,由住房合作社管理委员会做出分配决议。分配的重点是向中低收入家庭社员倾斜,而且不可以超标准分配。一旦违反这些基本原则,住房合作社将会遭到当地政府的严肃处理和罚款。住房合作社收取租金主要用于归还借贷本息、负责住房维护经营等；若有剩余，则要分配给股东——社员。经营得好的住房合作社，每年可以得到分红。住房合作社是根据《德国合作社法》成立的企业法人，是公益性的机构，予以免税；但如果其所建住房租给社员的比例不足 90%，也须按照房产企业依法缴纳税金（李莉，2008）。德国住房合作社建成的住房的产权归合作社集体所有，不得转让，但租赁权可延续、转让，社员可无条件退出。如社员提议退社，住房合作社须返还个人入社时交纳的股金，然后把其退租的房屋转配给新加入的社员。

1.4 日本

1.4.1 公营住宅

公营住宅是指日本地方政府接受国家专项财政补贴配合地方财政支出，面向低收入阶层而建造、出租的住房，是一种财政补贴住房。1951年，日本制定并颁布了《公营住宅法》（*Public Housing Act*），规定住房为国民维持身心健康和文明生活所必需，中央与地方政府要互相协作，努力建设住房并以低廉的价格提供给低收入阶层的民众，为国民生活的安定以及社会福祉的增进做出贡献。目前，日本公营住宅的收益来源于租金收入、国家补助、各种租金补助（各地公营住宅建设管理单位以低租金提供住房，可以获得一定的租金补助）、财产变卖收入、发放债券收入（日本地方政府可以通过采取发放地方债券等金融手段筹集资金）。以大阪市为例，2005 年，在大阪市公营住宅的收益中，各种租金补助占比为 4%，租金收入占比为 51%，财产变卖收入占比为 1%，国家补助占比为 19%，债券收入占比为 25%[①]。

1.4.2 都市再生机构住宅（公团住宅）

为了解决中间阶层的住宅困难，在公营住宅之外，日本政府还成立了专

---

① 数据来源于大阪市市政改革本部住房局。

门的非营利机构来提供相对低价的住房和公共租赁住房。根据《日本独立行政法人都市再生机构法》的规定，都市再生机构的运营本金由中央政府和地方公共团体共同出资；在机构认为有必要时，经国土交通大臣认可，可提高固定资本金。都市再生机构的收支独立，享有长期借款和发放都市再生债券的权利，当地政府应在日本国会规定的金额范围内提供保障。

都市再生机构在住房建设资金方面具有以下优势：一是可以大规模利用保险等民间资本；二是采用原价主义的租金设定方式，政府后续资金投入较少；三是可以出售部分房屋以获得持续运营所需资金；四是可以通过规划、优先购买、征用、农地转用等方式获取较多"团地"。

《日本独立行政法人都市再生机构法》第 25 条规定，机构租赁住宅的租金与附近同类住宅的租金保持一致，附近同类住宅租金的计算方法由国土交通省规定；但是当居住者为高龄者、残障者等难以支付房租的弱势群体或居住者遇到灾害等情形时，机构可以减免房租。

1.4.3　公社住宅

公社是指由地方公共团体设立的特殊法人，旨在向住宅明显不足区域的劳动者提供住宅及宅地。公社负责建造公社分售房屋和公社租赁房屋。以前，以公社分售房屋业务为主，2000 年后这一业务逐渐退出。公社独立运作，其年度工作计划和资金计划需要得到地方首长（日本都道府县知事或市长）的批准方可执行。公社资金主要来源于资本金、发行债券、零存整取获得的储蓄资金等。此外，公社还享有一定的融资便利和税收优惠。

1.4.4　房屋托管和包租

不同于 REITs 需要开发或购买（持有）成熟物业（重资产模式），房屋托管和包租无须购买（持有）物业。日本的房屋托管即房源方把房屋委托给房屋管理公司，由其代为出租并完成租后管理工作，向其收取一定比例的房租作为报酬，不承担任何房屋的空置风险和维修维护费用。而在包租模式下，日本的房屋管理公司与业主签订租赁合同，公司承担空置风险，但是房屋的装修和维护费用依然由业主承担。

无论是托管还是包租模式，日本的房屋管理公司均承担收缴房租、卫生清洁等常规业务。此外，还有附加业务可由业主自由选择。日本的房屋管理公司的业务模式比较灵活，业主既可以将房屋的租赁和租后管理事务全部交由房屋管理公司打理，也可以选择将部分事务交由房屋管理公司打理。

在托管模式下，业主需每月向房屋管理公司支付 4%~8% 的服务费，房屋管理公司将完成招租及租后管理的相应事务。在包租模式下，房屋管理公司从租户处收取租金，然后从中拿出大部分支付给业主作为当月租金，余留的部分即公司收入（该部分通常为租户所缴纳租金的 10%~20%）。

1.5 韩国

目前，韩国市场上的长期公共租赁住房包括永久租赁房（简称"永租房"）、50 年期公共租赁住房（简称"50 年期公租房"）和国民租赁房（简称"国租房"），短期公共租赁住房则包括 5 年期公共租赁住房（简称"5 年期公租房"）和雇员租房。

1.5.1 永租房

永租房是面向城市最低收入居民而修建的一种非营利性住房。永租房的租期一般为 50 年。此类房屋主要由韩国中央政府或地方政府通过使用政府预算或者国民住宅基金①建设。在房屋建设成本中，政府的投资比例一般会达到 85%。一套永租房的建筑面积为 20~36 平方米，租金仅为市场租金的 15%。

1.5.2 50 年期公租房

50 年期公租房是指面向城市中的最低生活保障家庭、城市再开发搬迁

---

① 早期，韩国国民住宅基金主要用于支持公共住房建设，现在主要是指满足中低收入家庭住房需求的政策性贷款。

户和无房的残疾群体等建设的公共租赁住房，租赁期限为 50 年。此类房屋的建设资金也主要依靠中央政府或地方政府投入的政府预算或者国民住宅基金。一套 50 年期公租房的建筑面积为 33~50 平方米，租金仅为市场价格的 30%。1990 年以后，考虑到高昂的财政支出和维护运营成本等因素，韩国政府不再投资开发永租房和 50 年期公租房（陈杰 等，2010）。

1.5.3 国租房

国租房，始于 1998 年韩国政府提出的"100 万户国租房建设计划"，是指为解决短时间内无能力购买住宅的无住宅国民的居住安定问题，由政府（地方）财政和国民住宅基金出资、韩国土地住宅公司和地方公司建设或者购买，长时间租赁的公共建设租赁住宅。国租房的租赁期限为 30 年。该类住房依据韩国建设交通部公布的最低居住标准建设，如典型的四口之家的住宅应具有三个独立房间，最小房间的可居住的面积不应该低于 37 平方米。租赁面向前一年收入不及城市家庭年平均收入 50%~70% 的，拥有住房认购储蓄①资格的无房者。

1.5.4 5 年期公租房

5 年期公租房是指向低收入的无房者（且其应满足住房认购储蓄户的所有条件）提供的短期住房，一般由公共部门和私人部门合力规划开发。但在一般情况下，私人部门往往扮演着主力角色。一套 5 年期公租房的建筑面积通常在 60 平方米左右。租期结束后，租户可以通过使用住房储蓄或者申请政府提供的其他金融支持，优先买下该类住房的产权。

1.5.5 雇员租房

雇员租房是一种短期公共租赁住房，该类住房是专门为受雇于 5 人及

---

① 韩国政府采取强制储蓄的方式要求居民到指定的银行进行存款，当存款金额达到一定数量后，方可获得购买公共租赁住房的资格，然后按照轮候顺序购买由政府或指定的开发商建造的公共租赁住房。

5 人以上的公司的无房雇员规划建设的。公司可以以较为便宜的价格购买该类住房，然后再向满足条件的雇员提供出租服务（陈杰 等，2010）。雇员租房的建筑面积以 60 平方米为主。

1.6 英国

英国的社会租赁住房是指由地方政府和其他有资格的组织持有、管理，并向低收入群体出租的住房。其建设和管理资金主要来自政府贷款和市场融资。

政府所用资金主要来源于社会租赁住房基金、地方政府租金收入以及《英国城镇规划法》第 106 条的"规划收益"所得资金等。此外，英国财政部和国家贷款基金也会提供一定资金用于社会租赁住房建设和管理。英国住房与社区署负责此项目资金的发放和监管，一般以贷款的方式发放给注册社会住房业主①，并监督其经营活动及财务状况，以保证资金安全。在注册社会住房业务遭遇财务危机时，这笔资金也可用于担保，帮助其摆脱危机。

私人资本可以采取发放贷款、买入抵押贷款证券等方法参加社会租赁住房开发。1987 年，英国创立了自己的非营利性住房金融机构——住宅金融公司。该机构负责采用发放证券或信贷的方法在私人资本市场获得资金，然后将资金以同样的利息和期限转给注册社会住房业主。住宅金融公司作为投融资中介机构，在把私人资本融入社会租赁房屋建设的流程中起到了关键性作用（吕洪业 等，2017）。

---

① 注册社会住房业主特指在英国租户服务管理署注册并接受其管理的住房协会、英国住房信托基金、英国住房合作社等。它们通常是非营利性机构，负责社会租赁住房的开发、运营和管理。

1.7　法国

在法国，低租金住房（或称社会租赁住房）是各类保障性住房中最基本、最主要的部分。法国政府对低租金住房建设予以融资支持，包括财政补贴和贷款支持；同时，也会将征购的建设用地以优惠价格出租或出售给建房企业。

贷款支持是法国政府推动低租金住房建设的重要措施之一。贷款支持的具体途径如下：

第一，法国政府鼓励银行向建房企业提供长期低息抵押贷款或贴息贷款。

第二，由中央储蓄银行提供低租金住房建设贷款服务。中央储蓄银行向个人储户推出了 A 存折储蓄品种（Livert A）。A 存折储蓄是法国最普及的政策性储蓄专户，专项用于发放低租金住房的建设贷款。政府对该专户内存储的资金利息免征 25% 的所得税。每个法国人只能有一个 A 存折储蓄账户，享有 3% 的存款利息收入，最高额不得超过 10 万法郎。A 存折储蓄经营是排他性的，对储户极具吸引力。中央储蓄银行通过 A 存折储蓄吸纳的公众存款，大部分作为优惠贷款资金用于公益性住房建设和翻修、老街区改造。

第三，法国国有金融机构——信托局（CDC）发放社会用途租赁（PLUS）贷款，仅资助由低租金住房机构和公共企业组织从事的与低租金住房相关的活动，包括购买土地、新建房屋、房屋修缮等。PLUS 贷款有四方面优势：一是长期性，建设贷款最长为 40 年，土地购置贷款最长为 50 年；二是从 A 类短期储蓄融资，资金来源稳定；三是利率较低；四是有双保险系统，信用风险较小。所谓双保险，一方面是因为贷款中的 95% 以上由地方政府担保，作为回报，20% 的住房单元要保留给特定用户；另一方面是因为当地方政府不能或者不愿做担保时，将由租赁房担保金管理局

（CGLLS）提供的一种共同基金代替，地方政府需向租赁房担保金管理局支付一定费用。

法国的低租金住房主要由低租金住房机构管理。《建筑与住房法典》规定："由低租金住房机构建设的住房，均由行政当局确定其基本价格。为保证低租金住房机构的资金平衡，并考虑到此类机构的建设、运行、监管以及维修成本，本法须对最低和最高租金额度予以规定。"

《建筑与住房法典》允许租户或其他个人、组织购买低租金住房，可以出售的低租金住房为由低租金住房机构建成或购置的房龄在 10 年以上的住房，且这些住房应达到法律规定的最低可居住标准。为保证一定数量的低租金住房存量，《建筑与住房法典》规定最终批准转让的机构应当综合考虑新增低租金住房的情况，不可因此而降低市镇区域或相关居住区内现有低租金住房总量。每个低租金住房机构的董事会或监事会每年都要对其住房销售情况进行审议，评估上一年的情况，并制定未来住房销售的目标。

1.8 瑞士

瑞士联邦政府成立了相关机构，设立了循环的住房基金，试图通过低利息的贷款等政策间接鼓励和支持各类企业开发和建设针对低收入家庭的社会保障性质的房屋，并以较低的价格出租给此类家庭（冯新刚，2013）。企业还可以将获得的贷款用作首付或者资本金，在此基础上还可以持续向银行申请规划建设社会保障房屋所需要的剩余贷款。

瑞士还成立了由联邦政府提供官方保证的保障住房建设中心，允许该中心通过发行债券等方式进行融资，从而使其拥有足够的资金向正在规划或开发建设社会保障房的企业提供它们所需的低息贷款。保障住房建设中心发行的债券有 10 年期和 20 年期两种，利率比同期的银行利率大约低 1 个百分点。

瑞士社会保障房的总量约占其国家住房租赁市场的8%。由于企业贷款利率低、规划建设标准相对较低等因素，这些社会保障房的租金一般比同期的市场平均租金低30%左右（陈怡芳 等，2012）。

另外，瑞士的市、镇政府会对低收入家庭住房保障资格的获取进行严格筛选，并且建立了动态的管理制度。以洛桑市为例，洛桑市的低收入家庭可以凭收入证明、身份证明到洛桑市住房局申请社会保障房和租金补贴。洛桑市住房局每两年对享受社会保障房和租金补贴的家庭进行抽查，了解社会保障房租金是否合理、居民家庭是否符合保障条件等。对于正在享受社会保障房的居民家庭，如果经审查发现其已在保障条件以外，洛桑市住房局将发出自动解除租房合约的信函，要求该居民家庭在6个月内搬离。但是，由于洛桑市的住房资源较为紧缺，一般情况下居民在2年内搬离即可，对于超过2年期限仍未退出的，则相应地提高租金的标准。与此同时，为了进一步加强对社会保障房的管理，洛桑市住房局还上线了社会保障房的专业信息系统，以采集相关信息。该信息系统的投入运行，在加强对低收入家庭住房保障的动态管理方面发挥了不可忽视的作用（陈怡芳 等，2012）。

1.9　荷兰

在荷兰，1995年以前，经批准的社会住房协会（公司）在建造和供应社会住房时受到政府部门各种方式的经济支持，如建筑补助、低息贷款、信贷支持。这一时期，社会住房协会（公司）在财政和经营上受政府部门的直接干涉，缺乏自主开展住房工作的自主性和能动性。项目建设开展的市场经济风险较小。1995年，《应付补贴与应付债务抵补操作办法》生效，社会住房协会（公司）逐渐变成在经营和财政上全面独立于政府部门的非营利性机构，政府部门主要采取以低价转让房地产的形式予以间接保障。为确保社会住房协会（公司）在市场上以较低利率获取足够的资本开展社区房地产建设项目的研发工程建设，荷兰创立了中央住房基金（CFV）、社会住宅保障基金（WSW）、政府担保三级安全网体系（李罡，2013a）。

第一层级安全网：中央住房基金。该基金于 1988 年由荷兰中央政府设立，其资金来源是社会住房协会（公司）交纳的会费。CFV 首先向面临融资问题、无力支付期满债务本息的社会住房协会（公司）提供援助经费，协助其实施重整。CFV 对提交了救援请求的社会住房协会（公司）开展调研和评价，并给出整改意见，以补贴或信贷的方式给予援助经费。CFV 是荷兰社会住房建设投资的第一级保障，帮助有财务问题的社会住房协会（公司）进行重组，从而摆脱困境。

第二层级安全网：社会住宅保障基金。WSW 创立于 1983 年，是由社会住房协会（公司）联合参加设立的非营利机构，符合条件的社会住房协会（公司）也可以参加。为社会住宅保障基金贷款担保的社会住房协会（公司）需向其支付一定数额的担保费（费率为 0.006 9%），这部分担保费是 WSW 的安全储备金的直接来源。

第三层级：政府担保。当 WSW 担保资本耗尽，无力为中央和地方政府提供支持时，荷兰中央政府和地方政府将向社会住房协会（公司）提供无息信贷，协助其处理资金问题。荷兰中央政府和地方政府各给出无息贷款金额的 50%（李罡，2013a）。

荷兰的房屋分配一般采用"代尔夫特模式"，即社会住房协会（公司）利用互联网、报刊等途径定时发布可用房源，申领者对中意的住宅提出申请，每名申领者只能在其所登记注册的区域最多选择三套房屋进行申请。网站对每套房屋的申领者根据注册登记时间先后予以排序，排在前 15 位的申领者会被通知在规定的时间去看房。看房后，申领者只能在网站上选择"接受"或"拒绝"。随后，网站再对选择"接受"的全部申领人依照相同方式进行排序，排在前面的最终将取得对该套社会租赁房屋的租赁权利。

荷兰社会租赁房屋均归属于社会住房协会（公司），其中多层公寓式建筑物居多，约占社会租赁房屋建造总数的 53%。社会租赁房屋所用建筑面积通常为 50~120 平方米，配有标准的厨房、浴室、水电煤气设施。值得一提的是，荷兰社会租赁房屋没有居住期限，可以长期居住。只要租住社会租赁房屋的家庭的收入增长且有购房需求，即可依照市价的七五折到九折优先购得所租住的房屋。社会租赁住房的租金通常为每月 300~600 欧元。另外，荷兰政府向符合条件的低收入者发放租金补助，以确保其得到体面的住所（李罡，2013b）。

2 中国住房保障发展现状及存在的问题与未来发展趋势

2.1 住房保障的概念

居住是人的基本权利，低收入人群往往由于收入较低而无法通过市场解决居住问题，但居住问题必须得到解决，因而像公租房等城市保障性住房具有准公共物品属性，局部上呈现非竞争性和非排他性（高培勇，2012），市场基本不提供保障性住房等准公共物品，必须借助政府来提供和分配。在市场经济条件下，住房除了具有商品属性，还具有社会保障属性。住房保障制度是国家或政府依据法律规定，针对符合住房保障条件的中低收入家庭、新就业无房职工、外来务工人员等而建立的一系列具有社会保障性的住房社会保障制度，其基本职能是为保障住房的供给、消费、分配、运营管理、监督提供服务，提高保障房的供给能力，提升受保障人群的住房消费能力。

住房保障制度是国家或政府在住房领域提供的社会保障，目标在于保障中低收入家庭、流动人口家庭的基本住房权益，维护社会安定与和谐。住房保障制度的内容涉及保障对象、保障水平、保障方式、供应体系、分配方式、运营管理、准入与退出制度等方面，其特性主要包括以下三个方面：

第一，住房保障制度是城镇住房制度的重要组成部分。商品房与保障性住房是城镇住房供应体系的两个组成部分。中高收入家庭依靠商品房解决居住问题，中低收入家庭依靠公租房、经济适用房、限价房等保障性住房解决居住问题，这两种住房供应方式互为补充。近几年来，我国商品房市场呈现出非理性繁荣局面，一线及主要二线城市房价飞涨，城镇中低收入家庭、外来人口家庭等居住问题日益突出，迫切需要住房保障，从而保障整个房地产市场的平稳健康发展。

第二，住房保障制度的目标是为城镇中低收入家庭、新就业无房职工、外来务工人员提供基本住房保障。首先，保障的对象是城镇中低收入家庭、新就业无房职工、外来务工人员，以实物保障或货币补贴的方式解决保障家庭的居住问题，缓解住房总价高与家庭收入低的矛盾，而城镇高收入家庭的住房问题则依靠自身的能力购买或租用商品房解决。其次，只能保障基本住房需求，由于我国人口众多，需要保障的家庭较多，受制于地方财力等因素，在"效率优先、兼顾公平"的原则下，只能保障家庭的基本住房需求，做到低标准、广覆盖。

第三，住房保障制度的责任主体是中央政府，实施主体是地方政府。首先，住房保障制度的目的是保障公民的基本住房权益，维护社会稳定，这是政府的管理职责。其次，保障性住房建设资金投入规模大，回收周期长，微利甚至是没有利润，这种带有公益性质的投资项目只能由政府牵头才能实施，市场主体的参与积极性不高。最后，住房保障的实施由地方政府主导，社会力量多方参与。我国区域经济发展水平、房价和个人收入水平等差异性较大，因此，由中央政府负责住房保障制度宏观政策和标准的统一制定，地方政府负责具体落实。在事权上，以地方政府为主，同时鼓励其他社会力量参与。

2.2　中国住房保障发展历程

作为解决居民住房问题的重要手段，长期以来住房保障制度作为住房工作的重点，随着住房制度的演进逐步发展。我国住房保障制度从建立至今经历了以下六个发展阶段。

2.2.1　1995—1997年，安居工程起步阶段

1995年1月，国务院住房改革领导小组出台了《国家安居工程实施方案》，标志着安居工程在我国全面起步。该方案提出，未来五年左右，我国计划在原有住房建设规模的基础上，新增安居工程建筑面积1.5亿平方米。安居工程具有保障性质，所售房屋直接按照成本价进行出售，出售对象为城市中低收入家庭，并且优先出售给住房困难户、无房户和危房户；在同等条件下，优先出售给退休职工和困难教师家庭。这一阶段，我国的住房并没有完全市场化，还存在着单位实物分房模式，经济适用房开始进入保障房体系。

2.2.2　1998—2001年，保障性住房体系建立阶段

1998年7月3日，国务院发布了《国务院关于进一步深化城镇住房制度改革加快住房建设的通知》。这标志着我国住房保障体系已经全面建立起来。新的住房保障体系包括三个层次：一是廉租房，其对象是城市最低收入家庭，通过很低的租金，解决其住房困难问题；二是经济适用房，其对象是城市中低收入家庭，销售价格遵循保本微利原则，满足中低收入家庭的住房需求；三是商品房，商品房完全市场化，高收入群体可以根据需求选择自己满意的房屋，房屋价格由市场决定。

2.2.3　2002—2006年，保障性安居工程全面萎缩阶段

随着我国城镇化进程的加快，我国房地产行业迅猛发展。房地产行业

的迅猛发展让房地产开发商从中得到了好处，而地方政府作为土地一级市场的垄断者，"土地财政"成为一些地方政府主要的财政收入来源。一时间，全国各大城市的房地产市场活跃，商品房建设速度不断加快、建设面积不断扩大，商品房同时也取代了经济适用房成为市场上房屋的供应主体。由于利益的驱使，保障性安居工程的建设全面萎缩。

2.2.4 2007—2009 年，保障性住房体系改革阶段

根据 CREIS 中指数据库的数据，1997—2010 年，经济适用房的开发投资额占整个商品房的开发投资额的比重在 1999 年达到最高，为 16.6%。其后，随着非保障性商品房的快速发展，经济适用房开发投资额占商品房的开发投资额的比重逐渐下降，在 2010 年仅为 3.1%（徐瑞琼，2014）。由于房地产市场的非理性发展和房价的飙升，中低收入家庭没有购买商品房的能力，而保障性住房供应量有限，这导致"居者有其屋"的愿望不能实现。2007 年，国务院出台《国务院关于解决城市低收入家庭住房困难的若干意见》，提出进一步建立健全城市廉租住房制度，改进和规范经济适用房制度，逐步改善其他住房困难群体的居住条件，完善配套政策和工作机制。

2.2.5 2010—2013 年，保障性住房体系逐步完善阶段

2010 年，我国房价持续快速上涨，房地产市场呈现非理性繁荣，房地产市场的平稳健康发展关系到国民经济发展和社会和谐稳定，国家出台了一系列多维度、"组合拳"式的调控政策，将保障性住房建设又提高到了一个新的高度。2010 年，国务院出台了《国务院关于坚决遏制部分城市房价过快上涨的通知》，要求加快保障性安居工程建设，确保完成 2010 年建设保障性住房 300 万套、各类棚户区改造住房 280 万套的工作任务。2010年 6 月 12 日，住房和城乡建设部等七部门联合制定了《关于加快发展公共租赁住房的指导意见》。它的提出标志着我国在逐步完善住房保障体系。政府开始停建经济适用房，对廉租住房、公共租赁在住房实行并轨，把廉

租住房纳入公共租赁住房体系，两者统一规划、统一出租，并对住房困难群体实行分档补贴。《国民经济和社会发展第十二个五年规划纲要》明确指出"城镇保障性安居工程建设3 600万套"。

2.2.6 2013年至今，重点发展公租房阶段

我国城镇化、工业化进入中后期后，大量新增劳动力和劳动人口主要流向我国五大城市群和国家中心城市，这些地区的中低收入人群的住房问题急需解决。2013年，中央经济工作会议提出"加大廉租住房、公共租赁住房等保障性住房建设和供给"；同年12月2日，《住房和城乡建设部 财政部 国家发展改革委关于公共租赁住房和廉租住房并轨运行的通知》发布，其中提到，"从2014年起，各地公共租赁住房和廉租住房并轨运行，并轨后统称为公共租赁住房"。2015年，中央经济工作会议首次明确"以满足新市民住房需求为主要出发点，以建立购租并举的住房制度为主要方向"。2017年，党的十九大报告指出"加快建立多主体供给、多渠道保障、租购并举的住房制度，让全体人民住有所居"。2022年党的二十大报告也再次强调："坚持房子是用来住的、不是用来炒的定位，加快建立多主体供给、多渠道保障、租购并举的住房制度。"可见，政府将调动一切可调动的力量来开展住房保障，政策方向也从单纯强调保障性住房建设到租购并举，保障覆盖面也从困难家庭到全体人民。

我国住房保障制度的发展历程主要有以下两个特征：

一是保障对象的覆盖面不断扩大。最早，经济适用住房的保障对象为中低收入住房困难家庭，廉租住房的保障对象为具有城镇常住居民户口的最低收入家庭。2007年，经济适用房的保障对象为城市低收入住房困难家庭，而廉租房的保障对象则要求到"十一五"期末扩大到全国低收入住房困难家庭。之后，国家提出大力发展公租房，公租房供应对象进一步扩展和明确。2010年，公租房保障对象规定为城市中等偏下收入住房困难家庭，有条件的地区，可以将新就业职工和有稳定职业并在城市居住一定年限的外来务工人员纳入供应范围；2019年，公租房的保障对象明确为城镇

中等偏下及以下收入住房困难家庭、新就业无房职工和城镇稳定就业外来务工人员等群体。根据笔者对全国 153 个地级及以上城市保障房准入条件的整理，截至 2019 年年底，这 153 个地级及以上城市中，90%的城市将非本市户籍的外来务工人员纳入住房保障范围内，包括北京、上海等特大型城市。

二是保障方式由产权型保障向租赁型保障转变。从 2013 年至今，我国住房保障进入重点发展公租房阶段，各城市逐步停建经济适用房。2019 年，住房和城乡建设部、国家发展改革委、财政部、自然资源部发布《关于进一步规范发展公租房的意见》，其中指出，截至 2018 年年底，3 700 多万困难群众住进公租房，累计近 2 200 万困难群众领取公租房租赁补贴。我国目前的住房保障思路将以大力发展公租房为主，保障方式由产权型保障向租赁型保障转变。

2.3 发展现状

住房保障长期以来受到政府决策层的重视。保障房数量快速增长，"十二五"期间保障房累计开工 4 027.82 万套，建成 2 878.88 万套，超额完成"十二五"规划中提出的建设 3 600 万套保障性住房的目标。在经济层面，有些学者认为住房保障能够在一定程度上对商品房供给产生替代作用，从而抑制房价过快上涨，降低住房金融风险，有利于整个宏观经济的稳定运行。目前，我国住房保障主要有实物保障和货币补贴两种形式，不同地方政府根据供求实际情况在住房保障方面设置了不同规定和要求。目前，我国实物保障主要形式是公租房。主要城市在公租房保障方面的规定见表 2-1。

表 2-1　主要城市在公租房保障方面的规定①

类别	城市	具体规定
准入机制	北京	（1）收入。 本市户籍：3 口及以下家庭，年收入 10 万元（含）以下；4 口及以上家庭，年收入 13 万元（含）以下。 非本市户籍：连续工作有一定年限，有稳定收入。 （2）人均住房面积。 本市户籍：家庭人均住房使用面积在 15 平方米（含）以下。 非本市户籍：在本市无住房
准入机制	广州	（1）收入。 1 人家庭规模，调节系数 1.2，年人均收入 42 792 元，家庭净资产限额 22 万元。 2 人家庭规模，调节系数 1.1，年人均收入 39 226 元，家庭净资产限额 40 万元。 3 人家庭规模，调节系数 1，年人均收入 35 660 元，家庭净资产限额 56 万元。 大于等于 4 人家庭，规模调节系数 1，年人均收入 35 660 元，家庭净资产限额 81 万元。 （2）人均住房面积：在本市无自有产权住房，或现自有产权住房人均建筑面积低于 15 平方米（或人均居住面积低于 10 平方米，下同）；租住的直管房住宅、单位公房人均建筑面积低于 15 平方米
分配程序	北京	考虑家庭代际、性别、年龄结构和家庭人口等因素按照优先家庭在前、普通家庭在后的顺序摇出选房顺序号
分配程序	广州	遵循家庭人口与户型对应原则：4 人及以上家庭分配三房一厅，在满足 4 人及以上家庭需求后仍有剩余的可向 3 人户家庭配租；3 人户、2 人户中父女或母子结构的家庭分配二房一厅；在满足 3 人户家庭及 2 人户中父女或母子结构的家庭需求后仍有剩余的可向其他 2 人户家庭配租；其他 2 人户家庭分配一房一厅；一房一厅在满足其他 2 人户家庭需求后仍有剩余的可向 1 人户家庭配租；1 人户家庭分配一房

---

① 笔者根据各城市有关公租房的政策文件整理而得。

表2-1(续)

类别	城市	具体规定
租金标准	北京	租房租金价格基本是项目周边房屋市场租金价格的80%~90%,城区公租房项目租金水平在每月30~40元/平方米,部分优质项目租金水平在每月40~50元/平方米;部分近郊区的公租房项目租金水平在每月20~30元/平方米,部分优质项目租金水平在每月30元/平方米以上,部分远郊区的公租房项目租金水平在每月20元/平方米以下
	广州	(1) 整体下调租金缴交比例。 从目前按公租房项目租金标准的20%~70%缴交调整为按10%~60%缴交,扩面后的新增人群按照70%缴交。按此调整后,租金整体下调幅度为14.29%~50%,收入越低,下调幅度越大。 (2) 采取租金封顶机制。 对房租占家庭月可支配收入比例超出15%的家庭,实行15%封顶制度,租金按该家庭经核定的月可支配收入的15%封顶。 (3) 按规定免交租金和按优惠租金标准(1元/平方米)计租的保障对象继续按原租金标准计收租金

2.4 存在的主要问题

公租房有利于维护社会和谐稳定,推进新型城镇化和农业转移人口市民化,增强困难群众获得感、幸福感、安全感。但是,公租房发展不平衡不充分的问题仍存在,部分大中城市对公租房保障的需求量大,但保障覆盖面较小,尤其是对住房困难的新就业无房职工、就业外来务工人员的保障门槛较高、力度不够。

Huang(2012)的研究表明保障性住房覆盖率较低,2010年获得廉租房的城镇家庭占比不足3%。Yang等(2014)以北京为研究区域,发现50%以上的限价房和经适房区位偏远,周边的公共服务配套设施严重不足。2017年,在住房保障支出中,地方财政占比高达93.6%,可见地方政府在保障性住房建设工作中起主体作用。对此,我国学者主要持有两种观点:一是保障性住房建设属于民生类项目,在短期内难以产生较大的经济效应,无法满足地方政府工作人员在任期内创造政绩从而获得晋升的需求(郑思齐 等,2013)。二是分税制改革后,地方财政收支不匹配,短期内大规模的保障房建设会加重地方政府的财政负担。同时，土地财政是地方政府收入的主要来源，保障性住房用地是以划拨形式来供应，会减少地方政府的土地出让收入（郭正模，2012；王根贤，2013；钱坤 等，2014）。值得注意的是，也有研究指出，保障性住房建设对地方政府存在一定的正向激励，它有利于拉动相关产业链的发展，增加就业，促进经济增长（唐文进 等，2012）。

我国保障性住房种类繁多，1998 年以来，我国先后出台了经济适用房政策、集资合作建房政策、廉租房政策、限价商品房政策、公租房政策，形成了产权式保障和租赁式保障两种方式（邓宏乾 等，2015）。我国现有住房保障体系主要存在以下问题：

一是保障房建设和执行成本高，政府财政负担较重。保障性住房建设是一个投资大且周期长的项目，其由于福利性而无法获得高额利润回报。如 2012 年，我国公共租赁住房建设任务为 230 万套，按照平均单套 50 平方米计算，平均 1 500 元/平方米，如果不包括土地费用，那么 230 万套公共租赁住房需要的投资额为 1 725 亿元，而 2012 年中央给予公共租赁住房的拨款为 660 亿元，资金缺口上千亿元，给中央和地方带来了极重的财政负担。另外，为了使保障性住房按照政策设计者的初衷运行，政府需要从开发到消费等各个环节建立严格的监管机制。这就要求政府将政策监管的范围扩大到审查开发商资信、审核居民家庭收入水平、监督保障房的流通和分配等全过程，这些都无疑增加了行政成本。

二是融资存在问题，融资模式亟待创新。政府是投资保障性住房建设的主要责任方，主要依靠地方财政预算、土地出让金净收益、公积金增值净收益、公积金贷款以及地方债券来筹集资金。尽管政府有资金提供，但绝大多数资金要靠银行等社会机构来筹集，保障性住房项目投资收益率明显偏低，因而民间资本对保障房项目缺乏投资的动力。发达国家在公共住房项目方面形成了较成熟的现代融资模式，包括政府和社会资本合作（public-private-partnerships，PPP）模式、建设-经营-转让（build-operate-transfer，BOT）模式、资产证券化（asset-backed-securitization，ABS）模式和 REITs 模式，但我国保障房的现代融资模式还处于初步试行阶段，急需不断改进和创新。

三是准入、退出机制不完善。由于每个家庭或个人的住房、收入及金融资产等情况各不相同，而我国没有建立起完善的个人财产申报制度和信用评估体系，只能将个人和单位提供的工资单或收入证明作为主要依据，且各职能部门未形成有效的协调机制，导致出现了不符合条件的人享受保障性住房的问题，造成了保障性住房分配的不公正、不公平。以实物分配方式为主的住房保障体制不利于构建动态调整机制和退出机制，如当已享受保障性住房的家庭的收入水平提高后，很难让他们退出。

四是住房区位、环境不理想，加剧了保障对象的社会隔离。受资金和土地条件的制约，保障性住房项目尤其是廉租房多位于交通不便的城乡结合地带，周围的配套设施如医院、学校、公园等会因政府财力有限等而被忽视。一些地方政府在保障性住房建设上未考虑住户居住的舒适度。这种人为制造的社会隔离给受保障人群贴上标签，不利于和谐社会的构建。

2.5 未来发展趋势

我国近几年开始重视公租房市场发展，2009 年国家已开始研究制定《公共租赁住房指导意见》；2010 年"国十一条"中提出在 2010—2012 年住房建设规划中要重点明确公共租赁住房的建设规模；2011 年"国八条"要求努力增加公共租赁住房供应；同年《中华人民共和国经济和社会发展第十二个五年规划纲要 （2011—2015） 》提出要重点发展公共租赁住房，逐步使其成为保障房的主体。2013 年中央经济工作会议提出"加大廉租住房、公共租赁住房等保障性住房建设和供给"，2015 年中央经济工作会议首次明确"以满足新市民住房需求为主要出发点，以建立购租并举的住房制度为主要方向"，2017 年党的十九大报告中提出"租购并举"。可见，国家对保障房的建设将朝着"购租并举，大力发展租赁保障"发展。

同时，从各国住房保障制度经验来看，绝大多数是以解决居住问题为目标，而不是解决产权问题，政府需要拥有大量的房源，并让保障房在受保障人群的进入退出过程中流动起来。因而开展租赁保障，形成良性的准入退出机制是未来的主要发展趋势。加之纵观各国租赁保障政策的演变，大多经历了从"实物配租"到"租金补贴"的转变，我国有些城市也逐渐开始探索实施租房券制度，通过租金补贴或租房券的方式来开展保障工作，有利于以较少的财政资金支出调动尽可能多的市场力量，减轻财政负担，满足各类人群的住房需求。

3 中国城市住房保障发展水平测度及影响因素

3.1 概述

面对城市地区日益突出的住房负担问题（Shi et al.，2016；Yang et al.，2014a；Mak et al.，2007），政府出台了一系列住房保障政策并加快了保障性住房的建设，2008 年以来，中国的保障性住房主要包括公租房、廉租房、经济适用房和限价商品房，其中，公租房的建设数量居首位。住房和城乡建设部的有关数据显示，2008—2018 年，共有 2 450 万套保障性住房开工，其中 1 600 万套为公租房和廉租房，570 万套为经济适用房，280 万套为限价商品房。2013—2016 年，保障性住房划拨土地总面积为 86 735.7公顷，占城镇住宅用地供应总量的 21.4%。截至 2018 年年底，已有 3 700多万住房困难群众入住公租房，约 2 200 万人获得租房补贴。

尽管全国范围内的住房保障供应有所改善，但不同城市之间的住房保障发展水平差异也值得关注。从 2009 年到 2017 年，中央财政住房保障支出从 26 亿元增加到 421 亿元，而地方住房保障支出从 70 亿元跃升到 6 130亿元，住房保障支出占地方政府一般公共预算的份额从 0.95% 上升到3.22%。中央政府制定住房保障政策，维护社会稳定和人民幸福，并要求地方政府根据其财政能力提供足够的住房保障，因此，地方政府负责住房保障的具体执行工作，包括住房建设、准入和退出机制设计、运营管理和分配等。不同城市的政策差异导致了各地住房保障发展水平不同（Chen et al.，2014；Zou，2014）。

同时，在同一城市，本市户籍居民和外市户籍居民所享受的住房福利水平不同（Yu et al.，2013；Huang et al.，2015b；Wang et al.，2015）。无本市户籍的城镇流动人口主要包括从农村进城的人口和城市间的流动人口。从农村进城务工的人群，通常出生在农村地区，拥有农村户籍。尽管住房供应的市场化促进了人口从农村向城市地区的迁移，并为流动人口创造了成千上万的就业机会，但不断上涨的房价使流动人口越来越难以在城市买得起商品住房（Chen et al.，2010；Yang et al.，2008）。城市间流动人口，虽然持有城镇户籍，但他们选择居住在另一个城市，以寻求更好的工作机会、教育资源、医疗服务等。因而即便在同一个城市，城市本地居民和外来流动人口所享受的住房福利水平也是不同的（Huang et al.，2015b；Wang et al.，2015；Yu et al.，2013）。

很少有研究评估城市住房保障发展水平，也缺乏分析本市户籍居民和城市流动人口在住房保障获得方面的差异。一些学者常利用经济适用房的销售额占商品房销售总额的比重、保障性住房用地供应占住宅用地供应总量的比重、住房保障支出占一般公共预算支出的比重这几个指标来衡量城市住房保障供给水平（Ding，2003；Ding，2007）。随着住房保障政策的发展，这些指标的应用存在不足。首先，由于经济适用房并没有对政策目标人群产生理想的保障住房资产福利效应，从2010年起各地方政府陆续停建经济适用房，仅在上海等少数城市存在。其次，由于保障性住房供给是地方政府的长期积累（Cai et al.，2016），土地供应量或住房保障财政支出具有不稳定性，可能存在跨年度差异，如果仅用某一年住房保障用地供应量占比或住房保障支出占比难以准确衡量城市住房保障发展水平。此外，上述指标都不能揭示城市对不同户籍居民的保障水平。

住房保障准入门槛设置的高低能够反映一个城市的住房保障水平的高低。地方政府设置的准入门槛越高，代表住房保障水平相对越低，反之亦然。各城市的住房保障准入政策条件可以按对象分为两类：本市户籍居民的准入条件和外市户籍居民的准入条件。本市户籍居民的住房保障准入条件主要包括收入、资产、住房等方面的要求，外市户籍居民的住房保障准入条件除收入、资产、住房外，一些城市还有居住证或暂住证、劳动合同、学历、毕业年限、社保或公积金缴纳情况等方面的要求。住房保障准入门槛的量化主要是为了衡量城市的住房保障发展水平和地方政府行为的特征，由于不同的城市在准入门槛设置上存在差异，通过模型来构造单一评价指数需要十分谨慎，因而指数的构建思路应该分层次进行：首先，本书对原始政策文件进行整理，将信息标准化；其次，本书按照不同户籍和不同准入条件构建准入指标体系；最后，本书运用主成分分析法构建统一指数，这一数据库包括各层次的指标。

3.2 数据描述

国内对城市的住房保障准入门槛及住房保障水平的评价体系的研究缺乏。本书选用住房保障准入指数来衡量城市的住房保障水平，准入指数越高，代表城市的准入条件越宽松，限制越少，住房保障水平越高。笔者通过收集各城市公租房申请准入政策、条件等信息，构建起公租房准入指数，并用它来代表整个住房保障准入指数，其主要原因如下：一是公租房是我国住房保障的发展方向。住房保障主要分为产权保障和租赁保障。产权保障以经济适用房为主，还包括共有产权房、限价商品房等；租赁保障以公租房为主。由于经济适用房并没有对政策目标人群产生理想的保障住房资产福利效应，从 2010 年起各地方政府陆续停建经济适用房，共有产权房、限价商品房等目前仅在北京、上海等少部分城市推出，且数量很少。当前及未来国家住房保障的主要方向是发展租赁型保障，大力建设公租房，因而较多城市关于产权型保障房的准入政策条件的信息的时效性较差，难以代表当前该城市的住房保障水平，且相关数据的可得性较弱；各城市在公租房的准入政策方面更新及时，细节全面，数据的可得性、时效性、代表性较好。二是公租房和产权型保障房同属保障性住房范畴，两者具有相似性。如公租房和经济适用房等产权型保障房在资金来源、保障对象、准入门槛上具有一定的相似性。资金来源方面，公租房和经济适用房的资金来源渠道接近，主要为土地出让金收益、财政预算划拨款、住房公积金、中央转贷地方债务收入等（韩冰 等，2012）。保障对象方面，二者都是面向低收入住房困难家庭。在准入门槛方面，都从户籍、家庭人均住房面积、家庭收入、家庭资产等方面进行规定。以南京市和西安市为例：南京市经济适用房和公租房的申请条件均要求人均住房建筑面积在 15 平方米以下，西安市经济适用房和公租房的申请条件均要求人均住房建筑面积在 17 平方米以下。综上，公租房的准入门槛指数是能够很好地反映城市整个住房保障门槛的。

3.3 评价指标体系和评价方法

为确保数据的可读性，我们从所调研城市的政府官方网站发布的公租房资格管理政策文件中收集信息。数据来源必须是政府官方网站发布的政策文件，而不是城市的住房保障和房屋管理局发布的相关信息。经过数据收集，笔者发现，有 153 个地级及以上城市通过政府官方网站发布了有关公租房的政策文件。笔者收集了 153 个地级及以上城市 2008—2018 年公租房政策的相关信息，其中包括 59 个东部城市、48 个中部城市、46 个西部城市，以及全部一线城市、大部分二线城市、大部分三线城市和部分四线城市。笔者收集的城市数据涵盖了所有类型的城市，并且在东、中、西部地区分布均匀，确保了在构建指标体系时不会出现偏差。

3.3.1 评价指标体系

对本市户籍和外市户籍申请人的收入准入限制是指要求家庭人均年收

入占当地城镇家庭年人均可支配收入的比重应低于的数值（不同城市的收入要求标准不一样，大多数是以家庭人均年收入占当地城镇家庭年人均可支配收入的比重为标准，为便于比较分析，本书以家庭人均年收入占当地城镇家庭年人均可支配收入的比重来衡量收入准入的优度）。数值越高，代表地方政府设置的收入条件越宽松，限制越低，反之亦然。

本市户籍和外市户籍申请人的住房准入条件是指要求人均住房建筑面积低于的数值。数值越高，代表住房门槛条件越宽松，限制越低。有些城市要求申请人无城镇自有产权住房，那么这一指标数值设为 0。

本市户籍申请人准入的附加条件包括户籍有无非农限制（无限制＝1，有限制＝0），对家庭里本市户籍人数有无要求（无要求＝1，有要求＝0），对家庭总资产有无限制（无限制＝1，有限制＝0），对车辆有无限制（无限制＝1，有限制＝0）；外市户籍申请人准入的附加条件包括有无居住证/暂住证要求（无要求＝1，有要求＝0），有无签订劳动合同要求（无要求＝1，有要求＝0），有无学历要求（无要求＝1，有要求＝0），对毕业年限有无要求（无要求＝1，有要求＝0），对社保或住房公积金有无要求（无要求＝1，有要求＝0）。准入指数越高，代表准入条件越宽松，限制越少，表明城市住房保障水平越高。

由于各城市在门槛规定方面没有统一的标准，这里对量化标准及指标赋值进行详细说明。根据对各城市历年公租房政策的梳理，笔者发现对于本地户籍申请人的资格主要有收入条件、现有住房条件、非农户籍、家庭成员户籍和资产上限这六个方面的要求。

在收入条件方面，不同的城市从不同的角度进行了规定，本书将所有的标准都统一换算成家庭人均年收入占当地城镇家庭年人均可支配收入的比重。如乌海市要求家庭人均年收入低于最低生活保障标准的 2 倍，那么乌海市的收入准入标准应为当地城镇最低生活保障标准×2÷当地城镇家庭年人均可支配收入。天津市要求家庭人均年收入低于 30 000 元，那么天津的收入标准应为 30 000÷城镇家庭年人均可支配收入。再者，有些城市对收入的规定有多种条件，本书选择最宽松的条件作为衡量收入的门槛标准。如北京市规定申请者若为3人户家庭，那么年收入不高于10万元（人均年收入为33 333元）；若为4人户家庭，那么年收入不高于13万元（人均年收入为32 500元）。这里，33 333元是北京市对人均年收入的要求，那么北京市对申请人的收入标准的要求为33 333÷城镇家庭年人均可支配收入。

在现有住房条件方面，有些城市的要求比较苛刻，如要求申请者没有住房，而较多城市要求申请者的人均住房面积不高于某一数值。如北京市要求人均住房面积小于15平方米，那么北京市这一指标值为15。无锡市要求申请者必须没有住房，那么无锡市这一指标值为0。

有些城市在户籍方面还会设置一些条件，如要求居民除了有本市户籍外，还必须为非农户籍，或者要求除了申请者以外，家庭其他成员必须有1人或多人也同样为本市户籍。如眉山市，对于本市户籍的申请者，还要求申请者的户籍为非农户籍，且整个申请家庭必须有2人及以上具有本市户籍。

有些城市还规定了资产上限。总资产要求主要是针对本市户籍居民设置，对外市户籍居民一般较少设置总资产方面的限制。而且由于家庭资产难以准确核实，因而较多城市在总资产方面没有限制。在本书研究的153个城市中，仅有24.18%的城市对申请者的总资产有要求。此外，各城市对资产限制的标准不一致，难以统一成可比较的数值，如：铜陵市对公租房申请者在总资产方面的要求为申请人及共同申请人家庭财产人均不超过5万元，且家庭总财产不超过15万元；南昌市在总资产方面的要求是申请人及家庭成员名下无商业用房、写字楼等非住宅；泰安市在总资产方面的要求是家庭财产低于公共租赁住房人均收入标准的8倍（公共租赁住房人均收入等数据无法获取）。

少部分城市对公租房申请者的车辆拥有情况进行要求，这一要求也主要体现在对本市户籍申请者的限制上。本书研究的153个样本城市中，有16.34%的城市对申请者的车辆拥有情况进行要求。如南昌市要求申请者名下无机动车（残疾人代步车除外），池州市要求无小型载客汽车或5万元以上（按购置价格认定）其他车辆。

各城市对非本地户籍的申请人的资格要求主要包括收入条件、现有住房条件、居住许可、稳定就业、学历、毕业年限、社保或公积金这七个方面，主要目的是保证申请公租房的非本地户籍人士是在本地稳定就业的，并能为经济发展做贡献。对于收入条件和现有住房条件，我们的量化规则与本地户籍申请人的量化规则保持一致。其余要求则作为附加条件，用变量 0 或 1 进行量化。公租房准入评价指标体系见表 3-1。

表 3-1 公租房准入评价指标体系

指标类型	评价内容	具体指标	量化方法
本市户籍居民准入	收入条件	EC01：家庭人均年收入占当地城镇家庭人均可支配收入的比重	不同的城市以各种方式设定了收入上限。本书将所有类型的收入限制都统一转换为家庭人均年收入占当地城镇家庭年人均可支配收入的比重。例如，晋城市要求申请人的家庭人均年收入与城镇家庭年人均可支配收入之比小于 1，因此晋城市的 EC01 的值为 1。天津市要求申请人的家庭人均年收入在 30 000 元以下，所以天津的实际收入条件限制是用 30 000 除以去城镇家庭年人均可支配收入（30 000/37 500 = 0.8）计算的。天津市的 EC01 的值是 0.8。EC01 的值越大，说明公租房准入限制越低
	现有住房条件	EC02：是否要求无房/人均住房建筑面积	EC02 = 0：要求必须无房 EC02 = 1：只要求人均住房面积
	附加条件	EC03：户籍有非农要求	EC03 = 0：有限制 EC03 = 1：无限制
		EC04：家庭是否有户籍人数要求	EC04 = 0：有限制 EC04 = 1：无限制
		EC05：是否有总资产限制	EC05 = 0：有限制 EC05 = 1：无限制
		EC06：是否有车辆限制	EC06 = 0：有限制 EC06 = 1：无限制

表3-1(续)

指标类型	评价内容	具体指标	量化方法
外市户籍居民准入	收入条件	EC01：家庭人均年收入占当地城镇家庭年人均可支配收入的比重	该指标的处理方式与本市户籍居民相同
	现有住房条件	EC02：是否要求无房/人均住房建筑面积	该指标的处理方式与本市户籍居民相同
	附加条件	EC07：居住证或暂住证要求	EC07 = 0：有要求 EC07 = 1：无要求
		EC08：劳动合同要求	EC08 = 0：有要求 EC08 = 1：无要求
		EC09：学历要求	EC09 = 0：有要求 EC09 = 1：无要求
		EC10：毕业年限要求	EC10 = 0：有要求 EC10 = 1：无要求
		EC11：社保或公积金要求	EC11 = 0：有要求 EC11 = 1：无要求

3.3.2 评价方法

本书采用主成分分析法构建了我国153个地级及以上城市的本市户籍公租房准入条件指数和外市户籍公租房准入条件指数。主成分分析是处理多维数据的常见方法之一。该方法通过降维简化数据结构，将多个指标转化为几个综合指标（Tolmasky et al.，2002）。主成分分析法是重要的降维方法，广泛应用于数据压缩中，以消除冗余和数据噪声（Tomasson et al.，2020）。该方法已被应用于许多领域的指数计算，如经济政策不确定性指数（Dai et al.，2021）、企业环境责任指数（Cai et al.，2016）、金融脆弱性指数（Sensoy et al.，2014）、住宅特征价格指数（Zhou et al.，2017）等的计算。计算公式如下：

第一步是计算归一化矩阵 $\boldsymbol{Z}$。

$$\boldsymbol{Z}_{ij} = \frac{x_{ij} - \bar{x}_j}{s_j} \quad i = 1, 2, \cdots, n \quad j = 1, 2, \cdots, p \quad (3-1)$$

$$\bar{x}_j = \frac{\sum_{i=1}^{n} x_{ij}}{n} \qquad s_j^2 = \frac{\sum_{i=1}^{n}(x_{ij} - \bar{x}_j)^2}{n-1} \tag{3-2}$$

然后，得到 $\boldsymbol{Z}$ 的相关系数矩阵 $\boldsymbol{R}$。

$$\boldsymbol{R} = [r_{ij}]_p xp = \frac{Z^T Z}{n-1} \qquad r_{ij} = \frac{\sum z_{kj} z_{kj}}{n-1} \qquad i,\ j = 1,\ 2,\ \cdots,\ p \tag{3-3}$$

我们通过求解特征值方程 $\boldsymbol{R}$ 中的（$|\boldsymbol{R} - \lambda I_p| = 0$），求出 P 特征值，从而确定主成分。为确保信息利用率超过 85%，我们根据 $\dfrac{\sum_{j=1}^{m} \lambda_j}{\sum_{j=1}^{p} \lambda_j} \geqslant 0.85$ 这一条件来确定 m 值。通过解方程 $\boldsymbol{R}b = \lambda$，我们可以得到特征向量 $\boldsymbol{b}_j^o$。

我们将标准化指标转换为主成分。在 $U_{ij} = z_i^T b_j^o$，$j = 1$，2，$\cdots$，m 中，U_1 是第一主成分，U_2 是第二主成分，U_p 是第 p 主成分。最后，我们对 m 个主成分进行加权求和，得到最终评价值，权重为各主成分的方差贡献率。

3.4　评价结果

3.4.1　本市户籍居民和外市户籍居民的住房保障准入条件

（1）本市户籍居民的公租房准入条件分析。

收入条件是本市户籍居民和外市户籍居民申请公租房保障的最基本条件。不同的城市以各种方式设定了收入上限。本书将所有类型的收入限制都统一转换为家庭人均年收入占当地城镇家庭年人均可支配收入的比重。数值越高，代表城市公租房申请要求的收入条件越宽松，限制越低，反之亦然。由表 3-2 可知，从全国整体水平来看，本市户籍居民申请公租房的要求是家庭人均年收入应低于当地城镇家庭年人均可支配收入。相较于中西部，东部城市对收入限制较高，要求申请者家庭人均年收入应低于当地城镇家庭年人均可支配收入的 92%。

虽然所有城市都对公租房申请人目前的住房条件有限制，但有些城市的要求比较苛刻。一线城市的住房门槛较高。一线城市房价高昂，住房供应紧张，城市居民人均住房面积相对较小，因而对公租房申请者的居住条件限制较高。三、四线及以下城市的附加条件数略高于一、二线城市。

对于本市户籍居民，获得公租房的附加条件包括户籍有非农要求、家庭户籍人数要求、总资产限制和车辆限制。本书将这四个指标设置为虚拟变量：如果一个城市对该指标有限制，则赋值为 0；如果一个城市对该指标没有限制，则赋值为 1。由表 3-2 可知，在所调查的 153 个城市中，有 81.70% 的城市要求居民持有非农户口才有资格申请公租房；有 22.22% 的城市对申请人家庭成员的户口状况进行限制；有 24.84% 的城市对本市户籍申请人有资产限额，如铜陵市要求家庭总资产价值不超过 15 万元或人均不超过 5 万元，南昌市要求申请人无商业房产；有 16.34% 的城市对本市户籍申请人所拥有的车辆进行限制，如南昌市要求申请人无机动车辆（残疾人代步车除外），池州市要求没有价值 5 万元以上的小型面包车或其他车辆（以购置价为准）。一、二线城市中，对家庭总资产有要求的城市占比也高于三、四线及以下城市；一、二线城市中，对车辆有限制的城市比重明显低于三、四线及以下城市。可见，对于本市户籍居民，经济发展相对较好的城市更侧重于在住房、总资产方面设置门槛限制，而三、四线及以下城市侧重于在车辆等方面设置门槛限制。

表 3-2 本市户籍居民的公租房准入条件特征

区域	收入条件（家庭人均年收入占当地城镇家庭年人均可支配收入的比重）	必须要求无房的城市占比/%	只限制人均住房建筑面积的城市占比/%	限制人均住房建筑面积/平方米	附加条件/条	户籍有非农要求占比/%	有本市户籍人数要求占比/%	总资产限制占比/%	车辆限制占比/%
所有样本城市	1.00	6.54	93.46	15.66	1.45	81.70	22.22	24.84	16.34
东部	0.92	6.78	93.22	15.22	1.44	74.58	18.64	33.90	16.95
中部	1.05	6.25	93.75	15.75	1.75	89.58	39.58	27.08	18.75
西部	1.03	6.52	93.48	16.12	1.15	82.61	8.70	10.87	13.04
一线城市	1.77	25.00	75.00	15.00	1.00	75.00	0.00	25.00	0.00
二线城市	0.99	14.29	85.71	15.92	1.38	85.71	19.05	26.19	7.14

表3-2(续)

区域	收入条件（家庭人均年收入占当地城镇家庭年人均可支配收入的比重）	必须要求无房的城市占比/%	只限制人均住房建筑面积的城市占比/%	限制人均住房建筑面积/平方米	附加条件/条	户籍有非农要求占比/%	有本市户籍人数要求占比/%	总资产限制占比/%	车辆限制占比/%
三线城市	0.89	1.61	98.39	15.34	1.55	77.42	32.26	25.81	19.35
四线及以下城市	1.07	4.44	95.56	15.93	1.42	84.44	13.33	22.22	22.22

（2）外市户籍居民的公租房准入条件分析。

由表3-3可知，从全国整体水平来看，外市户籍居民申请公租房在收入上的门槛限制略低于本市户籍。在住房准入方面，大多数城市对外市户籍申请者均要求在本市无城镇自有产权住房。在所调查的153个城市中，有75%的一线城市要求无房。对于外市户籍申请人，东部地区城市、一线城市往往设置较多的附加申请条件。

对于外市户籍居民，获得公租房的附加条件主要包括居住证或暂住证限制、劳动合同限制、学历限制、毕业年限限制、社保或住房公积金限制等。本书将这五个指标都设置为虚拟变量：如果一个城市对该指标有限制，则取值为0；如果一个城市对该指标没有限制，则取值为1，以反映公租房申请的准入条件。在所调查的城市中，有52.94%的城市有居住证或暂住证要求，有73.86%的城市有签订劳动合同的要求，如石家庄、秦皇岛、大同等地要求申请人签订劳动合同，且在本市工作满1年；有28.10%的城市对申请人学历有要求，通常为大专及以上；有39.87%的城市对申请人的大学毕业年限有五年内的要求，该指标显示出城市对刚毕业的人才有较强的政策偏向性；有69.28%的城市有社保或公积金缴纳的要求。总之，在对外市户籍居民的要求中，大多数城市有就业、社保和公积金、学历以及毕业年限等方面的要求。由此可见，城市往往有选择性地为年轻、受过高等教育的流动人口提供住房。综上，东部地区城市或者一、二线城市对外市户籍居民申请公租房往往限制较多、门槛较高。

表3-3 外市户籍居民的公租房准入条件特征

区域	收入条件（家庭人均年收入占当地城镇家庭年人均可支配收入的比重）	必须要求无房的城市占比/%	只限制人均住房建筑面积的城市占比/%	限制人均住房建筑面积/平方米	附加条件/条	有居住证或暂住证限制的城市占比/%	有签订劳动合同限制的城市占比/%	有学历限制的城市占比/%	有毕业年限限制的城市占比/%	有社保或住房公积金限制的城市占比/%
所有样本城市	1.40	53.59	46.41	15.59	2.64	52.94	73.86	28.10	39.87	69.28
东部	1.15	57.63	42.37	14.20	3.15	57.63	81.36	44.07	50.85	81.36
中部	1.14	60.42	39.58	15.74	2.46	56.25	64.58	35.42	27.08	62.50
西部	2.00	41.30	58.70	16.78	2.17	43.48	73.91	0.00	39.13	60.87
一线城市	1.64	75.00	25.00	15.00	3.25	100.00	75.00	25.00	25.00	100.00
二线城市	1.23	59.52	40.48	15.24	3.26	64.29	78.57	47.62	50.00	85.71
三线城市	1.19	56.45	43.55	15.44	2.63	50.00	77.42	27.42	41.94	66.13
四线及以下城市	1.83	42.22	57.78	16.00	2.02	42.22	64.44	11.11	28.89	55.56

3.4.2 城市住房保障发展水平评价结果

笔者使用主成分分析法计算公租房准入指数，并将其用作住房保障准入指数，以衡量城市住房保障发展水平。样本城市的住房保障准入指数计算结果如表3-4所示。一个城市的准入指数越高，对公租房申请资格的要求就越低，意味着越容易获得公租房。

从综合的住房保障准入指数来看，各城市的住房保障水平呈现明显的空间特征。无论是本市户籍居民住房保障准入指数（以下简称"本市户籍居民指数"）还是外市户籍居民住房保障准入指数（以下简称"外市户籍居民指数"），西部地区都高于东部和中部，而且东部和中部的指数值均低于全国整体水平，说明西部住房保障的准入门槛较低，住房保障水平相对较高。从细分区域来看，城市住房保障准入指数有一定的区域集中性，邻近城市的保障水平较为一致，不同地区对于本市户籍和外市户籍的保障力度存在差异。本市户籍保障水平较高的城市主要分布在西北地区的陕西省、甘肃省的部分城市，华北地区的河北省、山西省的部分城市，以及珠江三角洲的深圳市，这些城市均对本市户籍的居民设置了较低的住房保障准入门槛。对于外市户籍居民，西部地区的城市、华东地区的上海市、江西省的部分城市，以及京津冀经济区的城市的准入门槛较低，住房保障水平较高。近年来，西部主要城市经济快速增长，需要吸引大量的人才来参与城市建设。居住是留住外来人口最需要解决的问题，因而西部地区对外市户籍居民往往设置较低的住房保障申请门槛，住房保障力度较大。

表 3-4　样本城市的住房保障准入指数计算结果

城市	本市户籍准入指数	本市户籍排名	外市户籍准入指数	外市户籍排名
重庆市	0.671 083	1	0.447 659	32
宜春市	0.623 338	2	0.948 474	7
深圳市	0.602 445	3	-0.813 479	152
汉中市	0.570 431	4	0.847 697	9
西宁市	0.570 431	5	0.646 954	18
兰州市	0.535 159	6	0.946 424	8
沧州市	0.446 980	7	-0.071 597	75
吴忠市	0.446 980	8	0.447 659	29
保定市	0.425 817	9	0.226 225	50
福州市	0.408 182	10	-0.558 735	134
上饶市	0.399 364	11	0.530 967	22
临沧市	0.388 911	12	0.228 334	49
绵阳市	0.386 334	13	0.788 314	14
武汉市	0.372 910	14	0.270 985	45
鞍山市	0.358 802	15	-0.336 850	110
固原市	0.358 802	16	0.081 227	65
邯郸市	0.358 802	17	-0.463 893	124
贺州市	0.358 802	18	0.186 167	56
金昌市	0.358 802	19	1.001 180	3
酒泉市	0.358 802	20	0.520 454	23
昆明市	0.358 802	21	0.506 721	24
宁波市	0.358 802	22	-0.180 265	91

表3-4(续)

城市	本市户籍准入指数	本市户籍排名	外市户籍准入指数	外市户籍排名
石家庄市	0.358 802	23	0.186 167	57
苏州市	0.358 802	24	-0.657 403	138
太原市	0.358 802	25	-0.180 265	92
铁岭市	0.358 802	26	-0.638 911	137
许昌市	0.358 802	27	-0.180 265	93
榆林市	0.358 802	28	0.841 008	10
张家界市	0.358 802	29	0.345 436	40
忻州市	0.349 984	30	-0.713 333	143
运城市	0.348 220	31	0.184 623	58
葫芦岛市	0.341 166	32	0.215 084	54
大同市	0.337 638	33	-0.425 884	116
泸州市	0.335 753	34	-0.038 584	73
大庆市	0.332 348	35	-0.602 646	136
丹东市	0.332 348	36	-0.429 046	117
鹤岗市	0.332 348	37	-0.073 815	76
锦州市	0.332 348	38	-0.073 815	77
邢台市	0.325 422	39	-0.095 932	83
德阳市	0.323 544	40	-0.322 212	107
巴中市	0.323 530	41	-0.271 553	102
海东市	0.323 530	42	0.680 628	17
商洛市	0.323 530	43	0.819 924	11
石嘴山市	0.323 530	44	0.215 743	52
随州市	0.323 530	45	-0.434 317	119
遂宁市	0.323 530	46	0.378 508	38
泰州市	0.323 530	47	-0.678 487	139
铜川市	0.323 530	48	0.447 659	28
西安市	0.323 530	49	0.165 084	61

表3-4(续)

城市	本市户籍准入指数	本市户籍排名	外市户籍准入指数	外市户籍排名
徐州市	0.323 530	50	-0.339 441	111
营口市	0.323 530	51	0.215 743	53
内江市	0.320 241	52	-0.271 553	104
南充市	0.318 466	53	0.401 781	34
佛山市	0.318 368	54	-0.143 339	88
贵港市	0.318 368	55	0.117 016	63
张掖市	0.318 368	56	0.447 659	31
资阳市	0.314 712	57	-0.322 212	109
合肥市	0.311 185	58	-0.736 525	147
玉林市	0.307 658	59	-0.563 615	135
镇江市	0.304 130	60	-0.740 742	149
乌海市	0.302 367	61	-0.497 626	130
张家口市	0.297 204	62	-0.105 330	84
安康市	0.297 076	63	0.804 112	13
成都市	0.296 992	64	-0.409 152	113
朔州市	0.290 163	65	-0.413 234	115
惠州市	0.288 258	66	-0.253 060	101
济南市	0.288 258	67	-0.202 401	95
阳江市	0.288 258	68	0.079 630	66
云浮市	0.288 258	69	0.729 690	16
咸阳市	0.283 096	70	0.819 924	12
广州市	0.281 204	71	-0.510 276	131
银川市	0.281 204	72	0.447 659	30
湛江市	0.281 204	73	0.121 292	62
北京市	0.275 913	74	0.067 494	67
临汾市	0.274 278	75	0.210 472	55
十堰市	0.260 169	76	-0.018 858	71

表3-4(续)

城市	本市户籍准入指数	本市户籍排名	外市户籍准入指数	外市户籍排名
呼和浩特市	0.251 364	77	−0.487 085	128
梅州市	0.247 824	78	0.378 508	36
无锡市	0.244 310	79	−0.735 471	146
襄阳市	0.223 006	80	0.313 210	43
上海市	0.183 887	81	0.397 000	35
鹰潭市	0.150 653	82	0.625 871	19
抚州市	0.095 708	83	0.344 292	41
新余市	0.063 964	84	0.608 945	21
萍乡市	0.062 474	85	0.999 133	4
秦皇岛市	−0.006 165	86	−0.360 526	112
长沙市	−0.025 705	87	−0.708 063	141
揭阳市	−0.025 705	88	0.451 303	27
乐山市	−0.029 598	89	0.467 468	26
眉山市	−0.029 973	90	−0.251 968	100
长治市	−0.036 287	91	0.256 226	46
鸡西市	−0.052 159	92	−0.159 152	90
齐齐哈尔市	−0.052 159	93	0.221 014	51
攀枝花市	−0.060 376	94	−0.271 553	105
阳泉市	−0.060 977	95	−0.113 764	86
达州市	−0.061 009	96	−0.434 337	120
晋城市	−0.066 139	97	−0.463 893	125
阜阳市	−0.078 613	98	−0.739 688	148
永州市	−0.078 613	99	−0.218 912	97
廊坊市	−0.080 650	100	0.238 875	48
韶关市	−0.080 650	101	0.328 993	42
郴州市	−0.096 248	102	−0.750 229	150
唐山市	−0.096 248	103	−0.813 479	153

表3-4（续）

城市	本市户籍准入指数	本市户籍排名	外市户籍准入指数	外市户籍排名
株洲市	-0.096 248	104	-0.222 432	98
北海市	-0.101 813	105	-0.322 212	106
茂名市	-0.113 884	106	-0.533 045	133
益阳市	-0.113 884	107	-0.710 112	142
孝感市	-0.124 466	108	-0.239 298	99
长春市	-0.126 362	109	-0.521 839	132
盐城市	-0.152 554	110	-0.476 089	126
牡丹江市	-0.165 028	111	-0.496 513	129
大连市	-0.168 829	112	-0.058 002	74
哈尔滨市	-0.168 829	113	-0.007 343	70
衡阳市	-0.168 829	114	0.243 656	47
湘潭市	-0.168 829	115	-0.411 185	114
杭州市	-0.171 813	116	-0.730 200	145
泰安市	-0.195 283	117	-0.479 706	127
江门市	-0.200 573	118	0.098 041	64
宝鸡市	-0.201 596	119	0.417 983	33
天津市	-0.221 736	120	1.051 840	2
东莞市	-0.226 899	121	-0.271 553	103
海口市	-0.232 318	122	-0.451 184	122
中山市	-0.262 170	123	-0.089 627	81
厦门市	-0.267 589	124	0.177 793	59
沈阳市	-0.443 745	125	0.307 940	44
广元市	-0.458 065	126	-0.202 401	94
济宁市	-0.470 199	127	-0.750 229	151
自贡市	-0.470 199	128	-0.038 584	72
东营市	-0.475 361	129	0.011 149	68
嘉峪关市	-0.544 000	130	-0.322 212	108

表3-4(续)

城市	本市户籍准入指数	本市户籍排名	外市户籍准入指数	外市户籍排名
淮南市	−0.553 087	131	−0.105 358	85
台州市	−0.623 879	132	−0.455 401	123
郑州市	−0.628 900	133	−0.443 864	121
衡水市	−0.634 332	134	−0.153 852	89
青岛市	−0.646 805	135	−0.113 873	87
景德镇市	−0.698 021	136	0.948 474	5
绥华市	−0.845 887	137	−0.214 570	96
赣州市	−0.860 270	138	0.618 522	20
金华市	−0.872 341	139	−0.079 086	79
漯河市	−0.882 923	140	0.482 504	25
宜昌市	−0.962 557	141	−0.092 680	82
中卫市	−0.974 774	142	0.378 508	39
广安市	−0.980 221	143	−0.429 677	118
日照市	−1.002 990	144	0.011 149	69
南京市	−1.010 170	145	−0.086 465	80
清远市	−1.015 470	146	0.378 508	37
淮安市	−1.017 100	147	−0.716 496	144
池州市	−1.033 100	148	−0.681 077	140
铜陵市	−1.038 260	149	0.769 265	15
河源市	−1.043 550	150	0.166 702	60
安顺市	−1.052 370	151	1.051 840	1
南昌市	−1.082 530	152	0.948 474	6
聊城市	−1.421 010	153	−0.078 031	78

　　鉴于指数构建的复杂性，本章也做了稳健性检验。住房保障支出占公共财政支出的比重也是衡量城市住房保障水平的重要指标之一。通过相关性分析，笔者发现本市户籍准入指数和外市户籍准入指数与住房保障支出

占比具有较明显的正向相关性。具体而言，笔者分别进行了肯德尔（Kendall）T和斯皮尔曼（Spearman）相关系数分析，本市户籍准入指数与住房保障支出占比呈正相关，相关系数分别为 0. 210 和 0. 144，系数均在 5% 的水平上显著；外市户籍准入指数与住房保障支出占比呈正相关，相关系数分别为 0. 042 和 0. 030。由此可得，同为反映住房保障水平的指标，笔者计算的住房保障准入指数与住房保障支出占比呈现出一定的一致性，说明准入指标具有较强的稳健性。

3.5 影响因素

3.5.1 理论分析

地方政府是住房保障的实施者，笔者认为地方政府的住房保障行为决策在城市层面主要取决于住房保障带来的成本和收益比较。如果地方政府进行住房保障投入所得到的收益能够补偿甚至超过成本增加水平，那么地方政府就会倾向于做出加大住房保障投入力度的决策，否则将会倾向于减少住房保障投入，导致城市整体住房保障水平较低。笔者将构建地方政府住房保障行为决策的成本-收益模型。地方政府的住房保障投入会导致支出成本增加，除了一般公共财政支出增加，还有个重要支出成本就是土地划拨供给导致土地出让收入降低。然而，地方政府或其工作人员也会收获民生问题解决、社会稳定、完成或超额完成中央下达的保障指标而获得表彰或晋升、在一定程度上拉动地区经济和就业发展等收益。

假设只有一个地方政府，地方政府做出了住房保障方面的决策，这个决策使受保障人群新增了数量 n。如前面分析，获得的收益主要包括三个方面：一是民生收益，主要是指受保障人群的居住问题得到解决；二是晋升收益，主要是指完成或超额完成中央下达的保障任务从而可能获得的表彰或晋升；三是经济收益，主要是指建设保障性住房在一定程度上拉动了地区生产总值和就业的增长。那么，住房保障给地方政府带来的额外收益

的模型为

$$Y_c = \sum_{i=1}^{n} I_{mi} + I_h + I_e$$

其中，Y_c 为地方政府进行住房保障所带来的收益；i 为地方政府进行住房保障后新增的保障人数，$i = 1, 2, \cdots, n$；I_m 为人均住房保障民生收益；I_h 为地方政府的晋升收益；I_e 为地方政府进行住房保障后给城市带来的经济收益。

地方政府进行住房保障，也会面临成本支出：一是土地出让收入的直接损失，二是一般公共预算支出中住房保障方面增加的支出，三是土地出让收入降低对城市经济增长以及地方政府工作人员晋升所产生的负向作用。那么，地方政策住房保障决策的额外成本模型为

$$C_l = \sum_{i=1}^{n} S_{ai} \times P_{\text{land}} + C_b + I_{lh} + I_{le}$$

其中，C_l 为地方政府进行住房保障所增加的成本支出，S_a 为住房保障人均所需土地面积，P_{land} 为城市土地出让价格，$\sum_{i=1}^{n} S_{ai} \times P_{\text{land}}$ 为地方政府直接减少的土地出让收入，C_b 为地方政府进行住房保障所产生的直接公共财政支出，I_{lh} 为减少的土地出让收入将会带来的晋升收益降低，I_{le} 为减少的土地出让收入将会带来的经济收益降低。

进一步构建地方政府住房保障的净收益模型：

$$N_i = Y_c - C_l = \sum_{i=1}^{n} I_{mi} + I_h + I_e - \sum_{i=1}^{n} S_{ai} \times P_{\text{land}} - C_b - I_{lh} - I_{le}$$

当净收益 $N_i = 0$ 时，净收益模型达到均衡状态；当 $N_i > 0$ 时，净收益大于 0，地方政府会选择进行住房保障；当 $N_i < 0$ 时，净收益小于 0，地方政府不会进行住房保障。

这时，我们可以对地方政府的决策行为的影响因素进行理论分析，$\sum_{i=1}^{n} S_{ai} \times P_{\text{land}}$ 为建设保障性住房地方政府直接损失的土地出让收入，如果土地出让收入在地方财政收入中占比越高，$\sum_{i=1}^{n} S_{ai} \times P_{\text{land}}$ 的损失将给地方政府造成越沉重的压力。同时，当其他因素不变，城市发展及地方政府收入

对土地财政的依赖度越高，那么土地出让收入降低所带来的经济收益和晋升收益的降低幅度越大。也就是说，I_{lh} 和 I_{le} 会明显增加，导致 N_i 降低。可见，地方政府进行住房保障产生的最主要成本是土地出让收入减少所带来的直接或间接的经济收益降低。由此，我们可以推断地方政府对土地财政的依赖程度将明显作用于其住房保障行为，这个推论与前人研究一致（Zou，2014）。结合理论分析及前人研究，笔者提出假设：城市对土地出让收入的依赖程度是地方政府住房保障决策行为的重要因素。

3.5.2 指标选取及统计描述

为了检验理论分析的结果，笔者还进行了实证研究。本章前部分建立了一个较为科学稳定衡量城市住房保障水平的指标，以此为基础，笔者进一步研究地方政府对土地财政的依赖程度是否是影响城市住房保障发展水平的关键因素以及如何影响。

地方政府在保障房建设中起主导作用，大多数学者认为保障房建设水平最主要的影响因素是土地财政。谭锐等提出土地财政主要通过两种途径影响保障房供给：一是保障房建设资金的来源之一——土地出让金，二是保障房建设需要相应的土地。随着城市房价的快速上涨，土地价格也不断攀升，土地财政收入成为地方政府公共财政收入的重要补充，成为"第二财政"。在城市土地供应总量有限的前提下，保障房用地基本以无偿划拨的形式供应，这就让经营性用地的可出让额度减小，无疑会降低地方政府的土地财政收入，进而影响其建设保障房的积极性（郭正模，2012；王根贤，2013；钱坤 等，2014）。因而，地方政府对土地财政的依赖程度越高，提高住房保障水平所造成的财政压力就越大，地方政府降低住房保障准入门槛的积极性就越低。由此，我们可初步推测城市对土地财政的依赖程度与本市户籍准入指数、外市户籍准入指数呈现反向变动关系。

同时，笔者还考虑了城市土地供给面的影响因素，选择市辖区建成区面积占市辖区总面积的比重为代理指标，比重越高，说明城市的土地开发程度越高，那么可用于新建保障房的土地越少，地方政府实施住房保障的积极性可能越低，城市的住房保障发展水平也随之降低。城市的住房保障发展水平可能还会受到人口、经济等因素的影响，因此笔者还选择将人均地区生产总值、第三产业占地区生产总值的比重、在岗职工年平均工资、城市级别、人口流动等指标作为控制变量。值得注意的是，人均地区生产总值等经济类变量与住房保障准入指数间会存在难以避免的反向因果等内生性问题。在研究地区发展不均衡问题时，较多学者发现第一地理天性，即外生的地理禀赋对解释地区或国家间经济发展、收入水平等差异十分重要，且提出到海岸线的距离是一个重要的初始禀赋，距离海岸线越近，越有利于在国际贸易中降低交通成本，获得比较优势。因而，笔者还将初始地理禀赋作为影响因素进行分析，其外生于城市住房保障决策，并与城市社会经济发展水平高度相关，能够很好地解决内生性问题。本研究的代理指标为城市到海岸线的最近距离，离海岸线越近，经济发展水平相对越高，反之亦然。

以上指标所涉及的数据来源于《中国国土资源统计年鉴 2017》和《中国城市统计年鉴 2017》。对于到海岸线的最近距离这一指标，笔者利用 ArcGIS10.2 软件从全国矢量地图提取。变量的统计性描述分别如表 3-5 和表 3-6 所示。

表 3-5　变量的统计性描述（一）

变量	样本量/个
本市户籍准入指数	153
外市户籍准入指数	153
土地出让收入占公共财政收入比重	152
市辖区建成区面积占市辖区总面积的比重	148
人均地区生产总值	153
第三产业占地区生产总值的比重	153
在岗职工年平均工资	152
城市级别（1＝一线城市、二线城市；0＝三线及以下城市）	153
人口流动（1＝人口流入；0＝人口流出）	143
到海岸线的最近距离	153

表 3-6 变量的统计性描述（二）

变量名	均值	标准差	最大值	最小值
本市户籍准入指数	1.038	0.275	1.851	0.436
外市户籍准入指数	0.499	0.320	1.109	0
土地出让收入占公共财政收入的比重	0.456	0.322	2.005	0.048
市辖区建成区面积占市辖区总面积的比重	0.089	0.089	0.462	0.008
人均地区生产总值/元	57 186	32 414	167 411	16 415
第三产业占地区生产总值的比重	0.443	0.100	0.802	0.261
在岗职工年平均工资/元	60 363	12 472	122 749	38 763
城市级别（1＝一线城市、二线城市；0＝三线及以下城市）	0.301	0.460	1	0
人口流动（1＝人口流入；0＝人口流出）	0.434	0.497	1	0
到海岸线的最近距离/千米	455.8	391.1	1 667.9	41.6

3.5.3 回归结果

住房保障准入指数的影响因素的回归结果（见表 3-6）显示，土地出让收入占公共财政收入的比重对本市户籍准入指数和外市户籍准入指数均具有负向影响，且系数在 10% 的水平上具有显著性。当土地出让收入占公共财政收入的比重增加 1 个百分点，本市户籍准入指数将降低 0.118 个百分点，外市户籍准入门槛指数将降低 0.133 个百分点。可见，城市财政对土地出让收入的依赖程度将明显影响住房保障水平，对土地出让收入越依赖的城市，其住房保障准入指数越低，门槛限制条件越高，政府进行住房保障的积极性越低，实证结果进一步印证了前文的理论分析。

此外，人均地区生产总值与本市户籍准入指数和外市户籍准入指数均存在显著的负向影响，人均地区生产总值越高的城市，政府设置的门槛条件越高。到海岸线的最近距离对本市户籍准入指数和外市户籍准入指数均有极显著的正向影响，距海岸线越近的城市，经济发展水平越高，其住房保障的准入门槛条件也越高。这表明城市的经济发展水平能明显影响地方政府的住房保障决策。经济发展较好的城市，由于地价和房价高昂、居住成本高，地方政府颇有压力往往会设置较高的住房保障准入门槛，导致城市的住房保障发展水平较低。

表3-7　住房保障准入指数的影响因素的回归结果

变量	本市户籍准入指数	外市户籍准入指数
土地出让收入占公共财政收入的比重	-0.118* (0.070)	-0.133* (0.078)
Ln 人均地区生产总值	-0.156** (0.073)	-0.215*** (0.070)
第三产业占地区生产总值的比重	-0.050 (0.241)	-0.802*** (0.296)
Ln 在岗职工年平均工资	0.111 (0.185)	1.077*** (0.185)
城市级别	0.155** (0.067)	0.035 (0.069)
人口流动	0.024 (0.059)	-0.048 (0.059)
到海岸线的最近距离	0.000 2*** (0.000)	0.000 2*** (0.000)
市辖区建成区面积占市辖区总面积的比重	0.406 (0.341)	0.055 (0.336)
常数项	1.431 (1.667)	-8.673*** (1.767)
观测值	140	140
R^2	0.103	0.253

注：***、**和*分别表示1%、5%和10%的显著性水平，括号内是标准误。

4 住房保障对住房市场的影响效应

4.1 研究假说

随着经济的快速发展，住房保障体系不断完善，政府保障性住房的大规模建设缓解了城镇中低收入居民家庭的住房难题，家庭收入中用于租金或购房的消费支出相应减少。此外，保障房还能在一定程度上缓解房价的快速上涨（谢佳慧，2018）。为建立住房保障与房价或租金关系的基本模型，假设住房市场上的需求曲线和供给曲线分别为

$$\ln Q^d = M - \varepsilon^d \ln P + \varphi^d \tag{4-1}$$

$$\ln Q^s = N + \varepsilon^s \ln P + \varphi^s \tag{4-2}$$

其中，Q^d 表示住房需求量，Q^s 表示住房供给量，P 表示房价或租金，M 表示影响住房需求的其他因素，N 表示影响住房供给的其他因素，ε^d 表示需求弹性，ε^s 表示供给弹性，φ^d、φ^s 为残差项。假设需求弹性和供给弹性不变，且 M 和 N 不相关。

长期而言，$Q^d = Q^s$，联立式（4-1）和式（4-2）可得到：

$$\ln P^* = \frac{M - N}{\varepsilon^d + \varepsilon^s} + \frac{\varphi^d - \varphi^s}{\varepsilon^d + \varepsilon^s} \tag{4-3}$$

由式（4-3）可知，M 与 P 呈正向变动关系，那么这时政府进行住房保障，假设通过直接提供实物（如公租房、限价商品房等）进行保障，那么居民对市场上商品房的需求量会降低，从而导致房价或租金降低，因而住房保

障可以通过对市场住房需求的替代作用来降低整体房价或租金。

根据理论分析，笔者提出研究假设：住房保障可以对商品房价格产生抑制作用，对居民在市场上的住房消费行为产生替代效应。

4.2　城市住房保障对房价的影响

实施住房保障是否能够影响住房价格，如何影响，国内外的研究结论并不一致，主要原因是城市住房保障水平的衡量指标不同。本节将从多个方面选取衡量住房保障水平的指标，从而得到住房保障对房价影响的结果。

4.2.1　数据说明与基准方程

本节将实证分析住房保障对城市房价是否会产生抑制作用。首先，笔者选取住房保障支出占公共财政支出的比重来衡量城市住房保障发展水平。各城市的住房保障支出数据来源于各城市政府官网。其次，笔者还将运用上一章计算的住房保障准入条件指数来衡量城市住房保障发展水平，并以此为核心自变量再次进行回归。目前，我国各城市的公租房覆盖对象基本包括本市户籍和外市户籍居民。笔者通过对各城市的政策文件梳理，发现大多数城市明确规定要保障外市户籍居民的情况出现在 2017 年以后，对本市户籍居民的准入门槛条件要求变化不大。再加之本书的房价数据为2016 年的商品房销售价格数据，因而笔者选取各城市本市户籍居民申请公租房的准入门槛指数来代表整个城市住房保障水平。最后，为了进一步处理内生性问题，笔者还选取了前一期保障房建设用地出让面积占住宅用地的比重作为核心自变量，考察其对后一期房价的影响。建设用地出让面积的相关数据来源于《中国国土资源统计年鉴 2017》。因为保障房建设用地出让面积占住宅用地的比重这一指标也可以衡量城市住房保障水平，且前一期的保障房建设用地出让面积占比不受后一期房价的影响，可以较好地克服反向因果问题。

笔者收集了各城市 2016 年商品房平均销售价格（等于商品房销售额÷商品房销售面积）数据，建立了以商品房销售价格为因变量的计量模型。自变量用两个指标衡量：一是住房保障支出占公共财政支出的比重，二是住房保障准入指数。此外，在模型中，笔者还控制了会对房价产生影响的其他因素，包括土地出让收入占公共财政收入的比重、单位面积土地出让收入、非户籍人口占常住人口的比重、人均地区生产总值、第三产业占地区生产总值的比重、房地产开发投资占地区生产总值的比重、居民储蓄总额。此外，笔者还分别选取了 2014 年、2015 年保障房建设用地出让面积占住宅用地的比重，并分别考察了它们对滞后两期、滞后一期的房价的影响。主要变量的定义及描述统计见表 4-1。

表 4-1　主要变量的定义及描述统计

变量	均值	标准差
住房保障支出占公共财政支出的比重	0.129	0.005
住房保障准入指数	1.038	0.275
土地出让收入占公共财政收入的比重	0.37	0.29
单位面积土地出让收入	0.12	0.30
房地产开发投资占地区生产总值的比重	0.12	0.08
人均地区生产总值（取对数）	10.75	0.52
第三产业占地区生产总值的比重	0.43	0.09
非户籍人口占常住人口的比重	0.22	0.17
居民储蓄总额（取对数）	12.6	0.93
商品房平均销售价格（取对数）	8.47	0.50

设定如下计量模型检验住房保障对房价的影响：

$$\text{price}_i = \delta_0 + \delta_1 \text{afford}_i + \delta_2 C_i + \varepsilon_i$$

其中，i 表示城市；price_i 表示城市 i 年度商品房平均销售价格；解释变量 afford_i 表示城市住房保障情况，用住房保障支出占公共财政支出的比重、住房保障准入指数两个指标来衡量，数值越大代表城市住房保障水平越高；C_i代表土地出让收入占公共财政收入的比重、单位面积土地出让收入、非户籍人口占常住人口的比重、人均地区生产总值、第三产业占地区生产总值的比重、房地产开发投资占地区生产总值的比重、居民储蓄总额等；δ_0是常数项；ε_i是误差项。

4.2.2 实证结果

（1）基本结果。

由表4-2可知，住房保障支出占公共财政支出的比重对商品房销售价格产生负向影响，影响系数在1%的水平上显著，当住房保障支出占公共财政支出的比重每上升1个百分点，商品房销售价格将下降2.070个百分点。住房保障准入指数对商品房销售价格也产生负向影响，影响系数在10%的水平上显著，当住房保障准入指数每上升1个百分点，商品房销售价格将下降0.103个百分点。这表明城市积极开展住房保障，能够明显地降低房价，城市住房保障发展能够对当地的房价产生明显的抑制作用。此外，单位面积土地出让收入对商品房销售价格具有极显著的正向影响，即地价越高，房价越高。人均地区生产总值、第三产业占地区生产总值的比重、居民储蓄总额对商品房销售价格均产生显著的正向影响，表明在经济和产业结构较为发达、居民相对富裕的城市，其房价也相对较高。

表4-2　住房保障对房价的影响的模型计算结果

类别	变量	Ln 商品房销售价格	
自变量	住房保障支出占公共财政支出的比重	−2.070 *** （0.692）	
	住房保障准入指数		−0.103 * （0.059）

表4-2(续)

类别	变量	Ln 商品房销售价格	
控制变量	土地出让收入占公共财政收入的比重	0.129* (0.067)	0.087 (0.067)
	Ln 单位面积土地出让收入	0.220*** (0.000)	0.222*** (0.000)
	Ln 人均地区生产总值	0.165*** (0.041)	0.147*** (0.042)
	第三产业占地区生产总值的比重	0.410** (0.186)	0.343** (0.157)
	房地产开发投资占地区生产总值的比重	0.360 (0.240)	0.500* (0.273)
	非户籍人口占常住人口的比重	0.354 (0.233)	0.497* (0.255)
	Ln 居民储蓄总额	0.127*** (0.023)	0.155*** (0.018)
	样本量/个	125	95
	R^2	0.867	0.900

注：***、**和*分别表示1%、5%和10%的显著性水平，括号内是标准误；下文同。

（2）内生性处理。

为了充分理解住房保障对房价的影响，笔者选择了住房保障支出占公共财政支出的比重和住房保障准入指数两个变量来衡量城市住房保障水平，并选择了城市层面的控制变量。尽管在回归中笔者控制了一系列可能对房价产生影响的特征变量，但住房保障支出占公共财政支出的比重和住房保障准入指数这两个变量可能与房价产生反向因果关系。为了更好地解决内生性偏误问题，本部分重新选择保障房建设用地出让面积占住宅用地的比重这一指标进行检验。供地行为是地方政府的重要经济行为之一，政府行为对房价的影响可能具有一定的滞后性。供地行为可能对滞后一期的房价产生影响，但滞后一期的房价不可能影响前期的供地行为。因而，笔者分别选用2014年和2015年保障房建设用地出让面积占住宅用地的比重为自变量，并将2016年商品房销售价格作为因变量，进行回归，同时分别控制2014年和2015年的房价。

回归结果（见表4-3）显示，在控制了2015年商品房销售价格和其他城市特征变量的基础上，2015年保障房建设用地出让面积占住宅用地的比重对2016年商品房销售价格具有负向影响，系数在5%的水平上显著，即2015年保障房建设用地出让占比每增加1个百分点，滞后一期的商品房销售价格将降低0.075个百分点。在控制了2014年商品房销售价格和其他城市特征变量的基础上，笔者得出2014年保障房建设用地出让面积占住宅用地的比重对2016年商品房销售价格的影响也在5%的水平上呈负向显著，即2014年保障房建设用地出让面积占住宅用地的比重每增加1个百分点，滞后两期的商品房销售价格将降低0.069个百分点。回归结果表明，城市住房保障发展对商品房价格具有明显的抑制作用。可见，随着房价非理性上涨，地方政府可以通过加大住房保障力度来减缓房价增速。

表4-3 2015年保障房建设用地出让面积占住宅用地的比重
对2016年商品房销售价格的影响的回归结果

变量	Ln2016年商品房销售价格	
2015年保障房建设用地出让面积占住宅用地的比重	-0.098*** (0.036)	-0.075** (0.037)
Ln2015年商品房销售价格	0.986*** (0.040)	0.790*** (0.110)
其他城市层面控制变量	否	是
常数项	0.174 (0.342)	0.802* (0.430)
样本量/个	225	210
R^2	0.886	0.903

4.3 住房保障对家庭住房消费的影响

本节想要验证的问题是城市实施的住房保障能否对家庭商品房需求产生替代作用。国内相关研究缺乏实证分析，即使部分学者尝试进行实证研究，运用的也是宏观数据，考虑的是社会总体情况，缺乏微观层面的研究，而家庭的微观行为能更好地反映家庭的住房消费数量及结构。

4.3.1 数据来源

本节将从微观家庭层面实证分析住房保障对我国家庭住房消费行为是否会产生替代效应。笔者利用 2017 年中国家庭金融调查（CHFS2017）数据进行分析，CHFS 是中国首个在全国范围内对中国家庭金融微观问题进行调查的项目。在本节，个人和家庭层面数据来源于 CHFS2017，2016 年城市的房价、公共财政支出、人口等社会经济数据来源于《中国城市统计年鉴 2017》，各城市的住房保障支出数据来源于各城市政府官网。此外，为了进一步确保结果的稳健性，笔者还将运用上一章计算的住房保障准入条件指数来衡量城市住房保障水平，并以此作为核心自变量再次进行回归。笔者将个人和家庭层面的数据与城市层面的数据相匹配，保留了既有个人、家庭微观信息又有社会经济宏观数据的样本。

4.3.2 基本模型与变量的描述性统计

住房保障能否对居民购房行为产生替代效应，正是本节希望检验的。从 CHFS 数据中可以识别样本家庭是否获得保障性住房，这里的保障性住房包括公租房、廉租房、经济适用房、限价商品房等所有类型的政策性住房。笔者选取家庭是否获得保障房这一指标从微观上来衡量住房保障水平，但这一指标存在内生性问题，同时还不能包括货币补贴保障，所以还从城市层面选取了住房保障支出占公共财政支出[①]的比重来从宏观角度衡量住房保障水平，从而考察住房保障对城镇家庭购房行为（住房消费行为）的影响，检验对家庭购房行为是否存在替代作用。笔者选取家庭是否拥有商品房和是否计划购房作为住房消费的代理变量并建立模型：

$$S_{ij} = \alpha_0 + \alpha_1 B_{ij} + \sum \alpha_{2ij} Z_{ij} + \sum \alpha_{3j} M_j + \varepsilon_{ij}$$

$$S_{ij} = \beta_0 + \beta_1 C_j + \sum \beta_{2ij} Z_{ij} + \sum \beta_{3j} M_j + \varepsilon_{ij}$$

---

① 公共财政支出指政府一般公共预算支出。

$$P_{ij} = \gamma_0 + \gamma_1 B_{ij} + \sum \gamma_{2ij} Z_{ij} + \sum \gamma_{3j} M_j + \varepsilon_{ij}$$

$$P_{ij} = \delta_0 + \delta_1 C_j + \sum \delta_{2ij} Z_{ij} + \sum \delta_{3j} M_j + \varepsilon_{ij}$$

其中，i 表示城镇家庭，j 表示家庭所在城市；S_{ij} 和 P_{ij} 是被解释变量，分别代表家庭是否拥有商品房和是否计划购房，等于 1 代表"是"，等于 0 代表"否"；B_{ij} 为家庭是否获得保障房的虚拟变量，等于 1 代表获得了保障房，等于 0 代表没有获得保障房；C_j 为城市住房保障支出占公共财政支出的比重，比重越高，代表城市住房保障水平也越高；Z_{ij} 为人口统计特征等控制变量，包括了户主的性别、年龄、学历、婚姻状况，以及户主是否在公有单位工作、是否拥有住房公积金、家庭规模及家庭收入等（Haurin et al.，2002；Painter et al.，2004；Carter，2011；沈悦 等，2011；周京奎，2012)[①]。在分析是否计划购房时，笔者还控制了家庭住房拥有情况，以减少家庭特征对购房行为分析的干扰。M 为城市层面的控制变量，居民的购房行为可能还与城市经济发展、人口、房价水平相关，笔者还选取了人均地区生产总值、第三产业占地区生产总值的比重、常住人口、人口流动、商品房平均销售价格等城市层面控制变量，相关变量的选择参考了李剑等的研究。这里，笔者采用线性概率模型（LPM）进行回归分析。变量的统计性描述如表 4-4、表 4-5 所示。

① 本书使用的家庭样本均为城镇样本，户主年龄限定在 16~65 岁。同时，为避免异常值对计量产生的影响，本书对家庭年收入和家庭年消费这两个变量使用剔除最高 1% 和最低 1% 的数据清理方法。

表 4-4　变量的统计性描述（一）

类别	变量	样本量/个
家庭层面变量	户主性别（1=男，0=女）	27 278
	户主年龄	20 656
	户主学历（1=大学本科及以上，0=大学本科以下）	27 239
	户主婚姻（1=已婚，0=未婚）	27 239
	户主工作单位类型［1=公有单位（政府部门、事业单位、国有/国有控股企业、集体/集体控股企业），0=非公有单位（私营企业、个体经营）］及无工作	27 205
	住房公积金拥有（1=缴存了公积金，0=未缴存公积金）	27 279
	保障房获得（1=获得了保障房，0=未获得保障房）	27 279
	住房拥有（1=拥有住房，0=没有住房）	27 278
	商品房拥有（1=拥有商品房，0=没有商品房）	27 278
	购房计划（1=未来有购房计划，0=未来没有购房计划）	26 277
	家庭规模	27 109
	家庭年收入	27 011
城市层面变量	住房保障支出占公共财政支出的比重	260
	商品房平均销售价格	144
	人均地区生产总值	291
	第三产业占地区生产总值的比重	291
	常住人口	262
	人口流动（1=人口流入，0=人口流出）	262

表 4-5 变量的统计性描述（二）

类别	变量	均值	标准差	最大值	最小值
家庭层面变量	户主性别（1＝男，0＝女）	0.749	0.434	1	0
	户主年龄	48.159	11.077	65	16
	户主学历（1＝大学本科及以上，0＝大学本科以下）	0.122	0.328	1	0
	户主婚姻（1＝已婚，0＝未婚）	0.840	0.366	1	0
	户主工作单位类型［1＝公有单位（政府部门、事业单位、国有/国有控股企业、集体/集体控股企业），0＝非公有单位（私营企业、个体经营）］及无工作	0.165	0.371	1	0
	住房公积金拥有（1＝缴存了公积金，0＝未缴存公积金）	0.283	0.450	1	0
	保障房获得（1＝获得了保障房，0＝未获得保障房）	0.123	0.328	1	0
	住房拥有（1＝拥有住房，0＝没有住房）	0.898	0.303	1	0
	商品房拥有（1＝拥有商品房，0＝没有商品房）	0.442	0.497	1	0
	购房计划（1＝未来有购房计划，0＝未来没有购房计划）	0.124	0.329	1	0
	家庭规模/人	2.968	1.339	7	1
	家庭年收入/元	93 098	97 596	767 895	0

表4-5(续)

类别	变量	均值	标准差	最大值	最小值
城市层面变量	住房保障支出占公共财政支出的比重	0.040	0.022	0.129	0.005
	商品房平均销售价格/元·平方米	6 181	4 516	45 147	47
	人均地区生产总值/元	53 493	30 988	215 488	11 892
	第三产业占地区生产总值的比重	0.430	0.087	0.802	0.261
	常住人口/万人	472	377	3 048	25
	人口流动（1=人口流入；0=人口流出）	0.347	0.477	1	0

4.3.3 实证结果

（1）基本结果。

从微观层面上来看，家庭是否获得保障房可以作为衡量住房保障水平的指标，但这一变量具有一定的内生性问题，因而再从宏观层面上设置住房保障支出占公共财政支出的比重来代表住房保障水平，能很好地解决内生性问题，使实证分析结果更加稳健。根据模型设定，笔者以家庭是否拥有商品房、家庭是否有计划购房为因变量，以是否获得保障房、住房保障支出占公共财政支出的比重为自变量，运用最小二乘法进行住房保障对家庭商品房拥有及家庭购房计划的影响分析。计算结果见表4-6。结果显示获得保障房的家庭相较于没有获得保障房的家庭，拥有商品房的概率较低，计划购房的概率也较低，保障房获得对商品房拥有、计划购房分别在1%和10%水平上呈现显著的负向影响。住房保障支出占比对城镇家庭商品房拥有在5%水平上呈现极显著负向影响，住房保障支出占比上升1个百分点，家庭拥有商品房的概率将下降0.348个百分点。住房保障支出对城镇家庭计划购房也具有负向影响，系数在1%的水平上显著，住房保障支出每上升1个百分点，家庭计划购房的概率将下降0.285个百分点。上述结果表明，住房保障水平越高，家庭拥有商品房的概率和计划购房的概率越低，住房保障会对家庭购房行为产生明显的替代效应。

再看其他控制变量，户主的学历、婚姻，户主是否在国有单位工作，是否拥有住房公积金及家庭年收入对商品房拥有都具有显著的正向影响。户主的学历、家庭规模、是否拥有住房公积金及家庭年收入对家庭计划购房具有显著的正向影响，而拥有住房对家庭计划购房产生明显的负向作用，已经拥有住房的家庭，其计划购房的概率随之降低，住房需求降低。这些都与现有研究呈现一致性。

表 4-6　住房保障行为对城镇家庭住房消费的影响

变量	商品房拥有		计划购房	
是否获得保障性住房	-0.347 *** (0.007)		-0.011 * (0.006)	
住房保障支出占公共财政支出的比重		-0.348 ** (0.136)		-0.285 *** (0.099)
户主性别	-0.062 *** (0.007)	-0.058 *** (0.008)	0.007 (0.005)	0.007 (0.005)
户主年龄	0.002 * (0.001)	0.001 (0.001)	-0.012 *** (0.001)	-0.012 *** (0.001)
户主年龄的平方	-0.000 (0.000)	-0.000 (0.000)	0.000 *** (0.000)	0.000 *** (0.000)
户主学历	0.136 *** (0.009)	0.145 *** (0.010)	0.017 ** (0.008)	0.020 ** (0.008)
户主婚姻	0.104 *** (0.009)	0.110 *** (0.010)	-0.006 (0.006)	-0.004 (0.006)
户主是否在国有单位工作	0.051 *** (0.009)	0.042 *** (0.009)	0.005 (0.008)	0.002 (0.008)
是否拥有住房公积金	0.167 *** (0.008)	0.166 *** (0.008)	0.038 *** (0.006)	0.039 *** (0.006)
是否拥有住房			-0.059 *** (0.008)	-0.054 *** (0.008)
家庭规模	-0.017 *** (0.002)	-0.015 *** (0.002)	0.011 *** (0.002)	0.011 *** (0.002)
Ln 家庭年收入	0.029 *** (0.002)	0.028 *** (0.002)	0.010 *** (0.001)	0.010 *** (0.001)

表4-6(续)

变量	商品房拥有		计划购房	
城市控制变量	是	是	是	是
样本量/个	24 847	23 567	24 017	22 773
R^2	0.165	0.116	0.079	0.079

（2）稳健性检验。

目前，关于住房保障对家庭住房消费行为影响的研究缺乏的主要原因之一是难以很好地衡量各地区的住房保障水平。一是微观数据难以获取，而 CHFS2017 年的数据为本书所做研究提供了微观层面衡量住房保障水平的变量。二是宏观指标的偏误性。前文已经论证了现有指标如经济适用房销售额占住宅商品房销售额的比重，住房保障支出占公共财政支出的比重等指标存在的问题。如果无法很好地衡量住房保障水平，那么其对家庭住房消费的影响作用则难以确定，也是现有研究结论不一致，存在争议的重要原因之一。本书试图解决这一问题，然后对前面的回归结果进行稳健性检验。

笔者用上一章计算的住房保障准入指数代表城市住房保障水平进行稳健性检验。住房保障准入指数对城镇家庭商品房拥有、计划购房都具有显著的负向影响，其符号方向和显著性水平同前述的回归结果完全一致，再次验证了住房保障对家庭购房行为具有替代效应（见表4-7）。

表 4-7 稳健性检验

变量	商品房拥有	计划购房
住房保障准入指数	−0.025 ** (0.010)	−0.018 ** (0.008)
个人家庭层面控制变量	是	是
城市控制变量	是	是
样本量/个	21 320	20 224
R^2	0.100	0.079

（3）住房保障对中低收入家庭住房消费的影响。

住房保障的对象主要是城镇中低收入居民，那么住房保障对中低收入家庭住房消费行为的影响如何，作用多大？笔者对中低收入家庭①进行回归分析，结果见表4-8。是否获得保障房对中低收入家庭的商品房拥有、家庭计划购房具有显著负向影响，住房保障水平的提升将明显导致中低收入家庭的商品房拥有和计划购房概率降低，可见住房保障对中低收入家庭购房行为同样会产生替代效应。同时，笔者发现，是否获得保障房对中低收入家庭计划购房的影响作用更大，表明住房保障水平提升更能有效降低中低收入家庭对购买商品房的需求。

表4-8 住房保障行为对中低收入家庭住房消费的影响

变量	商品房拥有	计划购房
是否获得保障房	−0.322*** (0.008)	−0.017** (0.007)
个人家庭层面控制变量	是	是
城市控制变量	是	是
样本量/个	14 649	14 124
R^2	0.097	0.068

本章旨在实证分析住房保障对住房市场的影响作用，在上一章量化评估城市住房保障水平的基础上，结合2017年中国家庭金融调查数据，分析住房保障对城市房价及家庭住房消费行为的影响，以此探究其对整个住房市场的影响，并得出如下主要结论：①住房保障支出占公共财政支出的比重对商品房销售价格呈现负向影响，影响系数在1%的水平上显著，当住房保障支出占公共财政支出的比重每上升1个百分点，商品房销售价格将下降2.070个百分点。住房保障准入指数对商品房销售价格也具有负向影响，影响系数在10%的水平上显著，当住房保障准入指数每上升1个百分

① 本书采用国际上通用的五分法，将CHFS2017数据中城镇居民家庭样本按家庭收入高低排序，等比例划分为五分组，即高收入户、中等偏上收入户、中等收入户、中等偏下收入户、低收入户。中低收入家庭包括中等收入户、中等偏下收入户、低收入户。

点，商品房销售价格将下降 0.103 个百分点。这表明地方政府积极开展住房保障，能够明显地降低城市的房价，住房保障能够对当地的房价产生明显的抑制作用。②为了更好地解决内生性问题，笔者分别选用 2014 年和 2015 年保障房建设用地出让面积占住宅用地的比重为自变量，将 2016 年商品房销售价格作为因变量，进行回归，同时分别控制 2014 年和 2015 年的房价，同样得出了住房保障能够显著抑制房价上涨的结论。③获得保障房的家庭相较于没有获得保障房的家庭，拥有商品房的概率较低，计划购房的概率也较低，保障房获得对商品房拥有、计划购房分别在 1% 和 10%水平上呈现显著的负向影响。住房保障支出占公共财政支出的比重对城镇家庭商品房拥有在 5%水平上呈现极显著负向影响，住房保障支出占公共财政支出的比重每上升 1 个百分点，家庭拥有商品房的概率将下降 0.348个百分点。住房保障支出对城镇家庭计划购房也具有负向影响，系数在1%的水平上显著，住房保障支出每上升 1 个百分点，家庭计划购房的概率将下降 0.285 个百分点。④用住房保障准入指数代表城市住房保障水平进行稳健性检验，住房保障准入指数对城镇家庭商品房拥有、计划购房都具有显著的负向影响，其符号方向和显著性水平同前述的回归结果完全一致，再次验证了住房保障对家庭购房行为具有替代效应。⑤住房保障水平的提升也将明显导致中低收入家庭的商品房拥有和计划购房概率降低，可见住房保障对中低收入家庭购房行为同样会产生替代效应。同时，笔者发现，住房保障水平提升对中低收入家庭计划购房的影响系数绝对值高于对所有家庭的影响系数（-0.011），表明住房保障水平提升更能有效降低中低收入家庭购买商品房的需求。

5 住房保障对居民消费的影响效应

5.1 概述

改革开放以来，中国经济快速增长，但一直呈现出高投资率、低消费率的状态。2008 年的国际金融危机使国外需求持续疲软，中国以出口为导向的经济增长模式遇到前所未有的挑战，如何从外需拉动型经济向内需拉动型经济转变已经成为迫切需要解决的问题（陈斌开 等，2014）。无论是与其他国家进行横向比较，还是纵向比较，都可发现我国的消费相对不足问题日益严重。从图 5-1 可以看出中国的居民消费率不仅远低于美国、英国、德国等西方发达国家，也低于日本、韩国等亚洲国家，还低于同为发展中国家的印度和巴西，甚至中国 2017 年的居民消费率低于日本和韩国的历史最低点①。再看 2000—2017 年中国居民消费率的动态变化（见图 5-2），从 2000 年开始，居民消费率不断下降，2010 年下降到最低点，共下降了 11 个百分点；从 2011 年至 2017 年，居民消费率在缓慢上升，但也不超过 40%。消费不足直接导致内需不足，从而影响经济发展的稳定性和可持续性。

2020 年，党的十九届五中全会明确提出了"加快构建以国内大循环为主体、国内国际双循环相互促进的新发展格局"的重大战略部署，提出"坚持

---

① 根据世界银行数据计算，截至 2017 年年底，日本居民消费率的历史最低点为 1970 年的 48%，韩国居民消费率的历史最低点为 2000 年的 49%。

扩大内需这个战略基点，加快培育完整内需体系，把实施扩大内需战略同深化供给侧结构性改革有机结合起来，以创新驱动、高质量供给引领和创造新需求"。这既凸显了扩大内需在我国经济社会发展中的战略地位，也为我国应对错综复杂的国际形势、艰巨繁重的国内改革发展稳定任务指明了主攻方向和重要着力点。因此，需要加快经济发展方式转变，促进消费，扩大内需，加快构建国内大循环，从而实现中国经济的健康平稳发展。

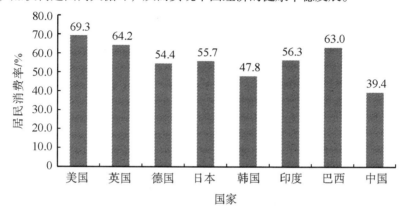

图 5-1　2017 年世界主要国家居民消费率①

（数据来源：世界银行）

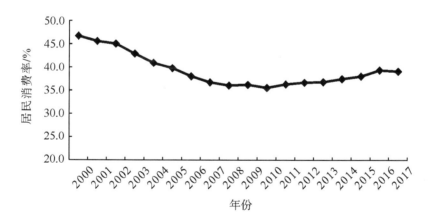

图 5-2　2000—2017 年中国居民消费率

（数据来源：《中国统计年鉴 2018》）

---

① 居民消费率=居民消费支出/GDP。

除了消费不足，房价上涨也是我国宏观经济调控关注的焦点问题。高企的房价已经给中低收入家庭带来较为严重的住房问题。为了促进房地产市场的平稳健康发展和保障人民的住有所居和住有宜居，国家出台了一系列多维度、"组合拳式"的调控政策，住房保障被提到一个全新的高度，受到政府决策层的重视。大规模的保障房建设的确对改善中低收入群体住房条件具有重要意义（韩冰 等，2012），也能够在一定程度上拉动地区的经济和就业增长（唐文进 等，2012；马建平，2011）。本章想要验证的问题是住房保障发展水平的提升能否对促进中国家庭整体消费、改善消费结构起到明显的作用，从而实现扩大内需、发展经济的目标？根据凯恩斯经典的消费假说理论，低收入群体的边际消费倾向较高，而高收入群体的边际消费倾向较低，那么增加低收入人群的收入就会提高整个社会的平均消费倾向。无论是实物保障还是货币补贴，无论是租赁型保障还是产权型保障，住房保障都在一定程度上降低了居民的住房成本，间接增加了收入，降低了家庭的预算约束，从而提高了家庭的边际消费倾向。但也有学者提出，住房保障可能会产生与其初衷相悖离的负激励效应，使受保障对象依赖福利，不积极地投入工作、增加收入，掉入"福利陷阱"，反而对家庭总消费产生抑制作用（邓宏乾 等，2015）。那么住房保障政策应该如何制定，才能做到既有效解决住房等民生问题，又能扩大内需拉动经济发展？为此，我们必须明确住房保障对我国居民整体消费产生了怎样的影响及影响机制是什么。

针对这一问题，本书的主要贡献如下：

（1）由于住房保障相关数据的可得性较差，目前关于我国住房保障与家庭消费行为这一重要问题的实证研究鲜见，发展住房保障是否有利于促进家庭消费这一问题并没有得到一致性的解答，本书运用 2017 年中国家庭金融调查与研究中心（CHFS2017）的微观数据实证检验住房保障对家庭消费行为的影响，研究发展住房保障是否会对家庭消费产生促进作用，理清住房保障在扩大内需、促进消费中的作用。从 CHFS2017 数据中，我们可以识别家庭是否获得保障房、是否拥有商品房、是否有购房计划、家庭消费等变量，家庭是否获得保障房能够从微观层面上成为衡量住房保障水平的指标，这是之前研究所没有涉及的。

（2）内生性问题的优化处理。以家庭是否获得保障房为核心解释变量进行实证分析时，会存在多个并发的内生性问题，比如样本选择偏差问题和估计结果面临潜在的遗漏变量偏误，本书创新性地选用保障房用地供应面积占住宅用地供应总面积的比重变量作为家庭是否获得保障房的工具变量，同时运用基于异方差的工具变量法来充分解决内生性问题，使结果更为稳健。

（3）除了研究住房保障发展对家庭总消费的影响及内在机理，本书还有学术观点方面的创新。本书所做研究发现住房保障能够有效地促进家庭教育文化娱乐消费的增加，有利于改善家庭消费结构和促进人力资本的提升。这也是国内已有研究所没有涉及的。

5.2 研究假说与数据来源

5.2.1 研究假说

首先，建立住房保障与房价或租金关系的基本模型，假设住房市场上的需求曲线和供给曲线分别为

$$\ln Q^d = M - \varepsilon^d \ln P + \varphi^d \tag{5-1}$$

$$\ln Q^s = N + \varepsilon^s \ln P + \varphi^s \tag{5-2}$$

其中，Q^d 为住房市场上的住房需求量，Q^s 为住房供给量，P 为房价或租金，M 表示影响住房需求的其他因素，N 为影响住房供给的其他因素，ε^d 为需求弹性，ε^s 为供给弹性，φ^d 和 φ^s 为残差项。假设需求弹性和供给弹性不变，且 M 和 N 不相关。

长期而言，$Q^d = Q^s$，联立式（5-1）和式（5-2）可得到：

$$\ln P^* = \frac{M - N}{\varepsilon^d + \varepsilon^s} + \frac{\varphi^d - \varphi^s}{\varepsilon^d + \varepsilon^s} \tag{5-3}$$

从式（5-3）可知，M 与 P 呈正向变动关系。假设政府通过直接提供实物

（如公租房、限价商品房等）进行保障，那么居民对市场上商品房的需求量会降低，进而导致房价或租金降低，因而住房保障可以通过对市场住房需求的替代作用来降低整体房价或租金。

其次，建立房价或租金对消费影响的模型。假设居民的效用函数为

$$U = \frac{(C_1^\alpha C_2^{1-\alpha})^{1-\theta}}{1-\theta}$$

其中，C_1 为非住房消费，C_2 为住房消费，这里将非住房消费的价格标准化为 1，每单位房价或租金为 P。假设居民拥有的初始资本量为 K_0，那么之后居民所能获得的工资率为 $W(t)$，折现率为 $R(t)$，居民的预算约束为

$$K_0 + \int_{t=0}^{\infty} e^{-R(t)} W(t) \mathrm{d}t \geqslant \int_{t=0}^{\infty} e^{-R(t)} [C_1(t) + C_2(t) P(t)] \mathrm{d}t \quad (5\text{-}4)$$

构造居民效用最大化的拉格朗日函数：

$$L = \int_{t=0}^{\infty} e^{-\rho t} \frac{[C_1(t)^\alpha C_2(t)^{1-\alpha}]^{1-\theta}}{1-\theta} \mathrm{d}t$$

$$+ \lambda \left\{ K_0 + \int_{t=0}^{\infty} e^{-R(t)} W(t) \mathrm{d}t - \int_{t=0}^{\infty} e^{-R(t)} [C_1(t) + C_2(t) P(t)] \mathrm{d}t \right\} \quad (5\text{-}5)$$

分别对 C_1 和 C_2 求偏导，得出效用最大化的一阶条件：

$$\frac{C_1'}{C_1} = \frac{R'(t) - \rho - (1 - \alpha - \theta + \alpha\theta) P'/P}{\theta} \quad (5\text{-}6)$$

$$\frac{C_2'}{C_2} = \frac{R'(t) - \rho - (1 - \alpha + \alpha\theta) P'/P}{\theta} \quad (5\text{-}7)$$

从式（5-6）和式（5-7）可知，房价或租金增长率对住房消费和非住房消费的增长率都会产生负向影响。也就是说房价或租金增长率下降，会提高消费的增长率。由式（5-3）可知，住房保障可以通过对市场上的住房需求产生替代效应来缓解房价或租金的快速增长，那么政府提供住房保障，则 P'/P 降低，C_1'/C_1 和 C_2'/C_2 均会提高，由此可以推论，政府发展住房保障对居民总需求产生扩张效应，主要是通过对居民在市场上的购房行为产生替代来发挥这种效应。住房保障的发展将引起家庭用于租金或购房的消费支出减少，促进其他生活用品或服务的消费，从而直接扩大消

费需求。

  笔者运用《中国统计年鉴2020》数据来初步分析中国各省（自治区、直辖市）[①] 的住房保障财政支出与城镇居民人均消费的相关性（见图5-3），发现两者呈正向变动关系，与研究假设保持一致。

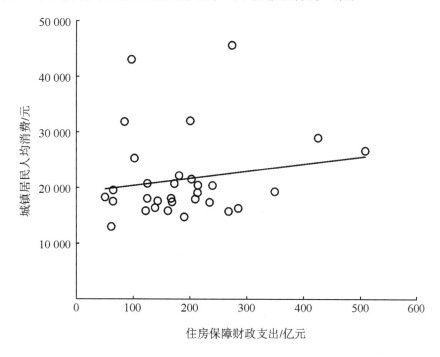

图5-3 住房保障财政支出与城镇居民人均消费的相关性初步分析

5.2.2 数据来源

  目前，关于中国住房保障与家庭消费行为的实证研究鲜见，本书将从微观家庭层面实证分析住房保障发展对我国家庭消费是否会产生刺激作用及影响机制是什么。这里利用2017年中国家庭金融调查（CHFS2017）的数据进行分析，CHFS是中国首个在全国范围内对中国家庭金融微观问题进行调查的项目，内容主要包括住房资产和金融财富、负债和信贷约束、收入、消费、社会保障与保险、代际转移支付、人口特征和就业，以及支

---

① 不含港、澳、台地区。

付习惯等相关信息，以便为学术研究和政府决策提供高质量的微观家庭金融数据。该调查数据填补了中国家庭金融微观领域的数据空白，对学术研究、行业发展及政策制定影响深远。迄今为止，该调查已于 2011、2013、2015、2017、2019 年在全国范围内进行过五轮大规模的入户访问，涉及家庭 40 000 余户。本章所做研究的个人和家庭层面的数据来源于 CHFS2017，城市层面的社会经济数据来源于《中国城市统计年鉴 2017》，各城市的住房保障用地数据来源于《中国国土资源统计年鉴 2017》、住房保障财政支出数据从各城市的财政报表中获取。

5.3　实证分析

5.3.1　实证模型及变量描述统计

住房保障能否对居民消费产生刺激效应，正是本章希望检验的。从 CHFS2017 数据中可以识别样本家庭是否获得保障性住房，这里的保障性住房包括公租房、廉租房、经济适用房、限价商品房等所有类型的政策性住房。根据研究假说，笔者使用最小二乘法（OLS）构建如下基准回归方程：

$$\text{Ln}C_{ij} = \alpha_0 + \alpha_1 B_{ij} + \alpha_2 Z_{ij} + \alpha_3 M_j + \varepsilon_{ij}$$

其中，i 表示城镇家庭，j 表示家庭所在城市；C_{ij} 为被解释变量，代表城镇家庭年消费；B_{ij} 为家庭是否获得保障房的虚拟变量，等于 1 代表获得了保障房，等于 0 表示没有获得保障房；Z_{ij} 为人口统计特征等控制变量，包括户主的性别、年龄、学历、婚姻状况，是否拥有商品房，家庭规模，家庭收入及家庭资产等（Haurin et al., 2002；Painter et al., 2004；Carter, 2011；张大永 等，2012；肖作平 等，2014；张浩 等，2017），这些变量的控制可以减少家庭特征对消费行为分析的干扰[①]；M_j 为城市层面的控制变量。由于居民的消费行为可能与城市经济发展相关，因此笔者还选取了人均地区生产总值、第三产业占地区生产总值的比重、城市级别等作为城市层面控制变量。α_0 为常数项，ε_{ij} 为误差项。

为了进一步解决内生性问题，笔者选用保障房用地供应面积占住宅用地供应总面积的比重变量作为家庭是否获得保障房的工具变量（变量的定义及统计性描述分别见表5-1、表5-2）。保障房用地供应面积占住宅用地供应总面积的比重能够很好地反映各城市的政府在保障房建设方面的投入，属于宏观指标。一般而言，保障房用地供应越多的城市，住房保障整体水平越高，保障房覆盖率越高，因而会显著提高家庭获得保障房的概率。而且也没有明显的证据表明城市的保障房用地供应面积与家庭消费行为有直接关联，意味着保障房用地供应面积占比具有良好的工具变量属性。

值得注意的是，传统工具变量完全满足排他性约束的情形是理想状态，现实中的工具变量还可能存在轻微的内生性，针对工具变量排他性约束限制条件难以严格满足的情形，目前较常见的解决方案是采用基于异方差的工具变量法（Baum et al.，2019）。在传统的工具变量估计中，内生变量个数应小于或等于外生变量个数，也就是说所有的内生变量都必须要有所谓的工具变量（温兴祥，2019），而 Baum 等（2019）采用的基于异方差的识别方法突破了传统工具变量必须完全满足排他性约束条件的限制，只需满足残差为异方差的条件。设 Z 是住房保障变量的部分或全部元素，第一阶段，做住房保障变量对 Z 的回归，获得残差 $\hat{\varphi}$，使用 $(Z-\bar{Z})\hat{\varphi}$ 作为第二部估计时的工具变量，$\bar{Z}$ 是 Z 的均值。这里进行两组工具变量估计，即仅使用生成工具变量的估计和同时使用生成工具变量和排除工具变量的估计。

---

① 本书使用的家庭样本均为城镇样本，户主年龄限定在 16~65 岁。同时，为避免异常值对计量产生的影响，本书对家庭年收入和家庭年消费这两个变量使用剔除最高1%和最低1%的数据清理方法。

表 5-1　变量的统计性描述（一）

变量	样本量/个
家庭年消费	22 553
家庭年非住房消费	22 553
家庭购房计划	22 801
是否获得保障房	22 843
户主性别	22 842
户主年龄	17 234
户主学历	22 817
户主婚姻	22 815
家庭规模	22 843
家庭年均收入	22 497
家庭总资产	22 331
消费占比	22 843
是否拥有商品房	22 842
人均地区生产总值	22 098
第三产业占地区生产总值的比重	22 098
城市等级	22 098
保障房用地供应面积占住宅用地供应总面积的比重	21 809
住房保障支出占公共财政支出的比重	20 904

表 5-2　变量的统计性描述（二）

变量	均值	标准差	最小值	最大值
家庭年消费/元	66 373	52 620.73	4 494	369 913
家庭年非住房消费/元	58 276	47 118.88	2 602	361 213
家庭购房计划	0.175 2	0.380 1	0	1
是否获得保障房	0.129 1	0.335 365	0	1
户主性别	0.752 8	0.431 405 2	0	1
户主年龄	48.31	11.014 12	16	65

表5-2(续)

变量	均值	标准差	最小值	最大值
户主学历	0.133 8	0.340 401 6	0	1
户主婚姻	0.851 2	0.355 948	0	1
家庭规模	3.028	1.394 169	1	15
家庭年均收入/元	105 377	93 081.96	1 000	660 588.5
家庭总资产/元	1 363 476	1 802 905	800	10 600 000
消费占比	0.746 1	0.424 8	0.007 1	1.999 8
是否拥有商品房	0.465 5	0.498 822	0	1
人均地区生产总值	82 435	36 961	17 486	167 411
第三产业占地区生产总值的比重	0.533 6	0.119 1	0.308 6	0.802 3
城市等级	0.710 2	0.453 7	0	1
保障房用地供应面积占住宅用地供应总面积的比重	0.219 8	0.188 3	0.000 4	1
住房保障支出占公共财政支出的比重	0.037 1	0.022 9	0.000 5	0.132 2

5.3.2 结果分析

表5-3显示了基准方程的估计结果。笔者运用最小二乘法（OLS）进行估计，在控制可能影响消费的家庭人口统计特征后，发现保障房获得对家庭消费存在正向影响，影响系数在1%的水平上显著。笔者继续控制城市特征后，发现保障房获得对家庭消费仍存在显著的正向影响，家庭获得保障房的概率每增加1个百分点，家庭总消费会随之增加0.025个百分点。OLS估计结果难以确定保障房获得和家庭消费行为的因果关系，为了处理内生性问题，笔者选用保障房用地供应面积占住宅用地供应总面积的比重作为工具变量，利用仅使用生成工具变量的估计和同时使用生成工具变量和排除工具变量的估计两种方法进行回归，两种方法的估计结果如表5-4所示。从住房保障对家庭总消费的影响来看，估计系数显著为正，证明估计结果是稳健的，说明发展住房保障能够对居民消费产生明显的扩张效应。

再看其他控制变量，户主的学历、家庭规模、家庭收入及家庭资产等对家庭消费都具有显著的正向影响。而户主的性别、年龄对家庭消费产生明显的负向作用。这些都与现有研究呈现一致性。

表 5-3　住房保障对家庭总消费的影响

变量	Ln 家庭总消费	
	OLS	OLS
是否获得保障房	0.046 ***	0.025 *
	(0.013)	(0.013)
户主性别	−0.045 ***	−0.040 ***
	(0.010)	(0.010)
户主年龄	−0.017 ***	−0.014 ***
	(0.003)	(0.003)
户主年龄的平方	0.000 ***	0.000 *
	(0.004)	(0.000)
户主学历	0.033 **	0.030 **
	(0.013)	(0.013)
户主婚姻	0.088 ***	0.099 ***
	(0.015)	(0.015)
是否拥有商品房	0.002	0.010
	(0.009)	(0.009)
Ln 家庭年收入	0.478 ***	0.455 ***
	(0.007)	(0.007)
Ln 家庭总资产	0.064 ***	0.055 ***
	(0.003)	(0.003)
家庭规模	0.032 ***	0.043 ***
	(0.003)	(0.004)
Ln 人均地区生产总值		0.090 ***
		(0.012)
第三产业占地区生产总值的比重		0.394 ***
		(0.048)
城市等级		−0.046 ***
		(0.013)

表5-3(续)

变量	Ln 家庭总消费	
	OLS	OLS
常数	5.096 ***	4.187 ***
	(0.097)	(0.150)
样本量/个	16 461	15 842
R^2	0.515	0.473

表5-4　基于异方差的工具变量法

变量	Ln 家庭总消费	
	仅生成工具变量的估计	同时生成工具变量和排除工具变量的估计
是否获得保障房	0.070 *	0.071 *
	(0.040)	(0.040)
是否控制家庭层面特征	是	是
是否控制城市层面特征	是	是
样本量/个	15 842	15 159
R^2	0.472	0.472
adjusted R^2	0.472	0.472
F statistic	1 169	1 116
C-D or K-P	78.10	62.87

　　住房保障的原则是"保基本",因而住房保障对象主要是城镇中低收入或中低资产家庭,那么住房保障是否对中低收入家庭、中低资产家庭的消费行为产生影响,影响如何?这是本部分期望检验的。笔者将CHFS2017 中的城镇家庭按家庭收入进行三等分,即高收入家庭、中等收入家庭、低收入家庭,同时,也将城镇家庭按照家庭资产进行三等分,即高资产家庭、中等资产家庭、低资产家庭。笔者分别对中低收入家庭(中等收入家庭和低收入家庭)、中低资产家庭(中等资产家庭和低资产家庭)进行回归分析,结果见表5-5。表5-5 第二列显示,对于中低收入家庭,保障房获得对家庭总消费在1%的水平上呈现显著的正向影响,当家庭获

得保障房的概率每增加 1 个百分点，家庭总消费将增加 0.054 个百分点。表 5-5 第五列显示，对于中低资产家庭，保障房获得对家庭总消费也在 1%的水平上呈现显著的正向影响，当家庭获得保障房的概率每增加 1 个百分点，家庭总消费将增加 0.076 个百分点。与前文结果对比，我们发现，是否获得保障房对中低收入家庭和中低资产家庭的总消费的影响系数均高于对所有家庭的影响系数（0.025），表明住房保障水平提升对中低收入家庭和中低资产家庭消费的促进作用更大。相比高收入、高资产的家庭，中低收入家庭和中低资产家庭的边际消费倾向更高，住房保障能降低其住房成本，间接增加其收入，对其消费的扩张作用更强。当然，为了处理内生性问题，确保结果的稳健性，笔者仍选用保障房用地供应面积占住宅用地供应总面积的比重作为工具变量，同样利用仅使用生成工具变量的估计和同时使用生成工具变量和排除工具变量的估计两种方法进行回归，结果见表 5-5 第三列、第四列、第六列、第七列。由表 5-5 可知，住房保障对中低收入家庭和中低资产家庭的总消费的影响系数显著为正，表明结果稳健。

表5-5 住房保障对中低收入家庭和中低资产家庭总消费的影响

变量	Ln家庭总消费（中低收入家庭）			Ln家庭总消费（中低资产家庭）		
	OLS	仅生成工具变量的估计	同时生成工具变量和排除工具变量的估计	OLS	仅生成工具变量的估计	同时生成工具变量和排除工具变量的估计
是否获得保障房	0.054*** (0.017)	0.109** (0.049)	0.110** (0.052)	0.076*** (0.018)	0.148*** (0.053)	0.155*** (0.056)
是否控制家庭层面特征	是	是	是	是	是	是
是否控制城市层面特征	是	是	是	是	是	是
样本量/个	7 661	7 661	7 289	8 251	8 251	7 789
R^2	0.391	0.391	0.390	0.405	0.404	0.401
adjusted R^2		0.390	0.389		0.403	0.400
F statistic		450.3	424.2		435.4	404.5
C–D or K–P		40.97	27.87		46.40	33.78

从前文的研究可知，发展保障房可以提升家庭的非住房消费。这里将进一步分析发展保障房是否有利于消费结构的升级，也就是说能否促进非住房消费中生活发展（教育文化娱乐与医疗保障）支出类方面的消费增加。笔者继续运用 CHFS2017 数据，以家庭教育文化娱乐消费为因变量，以是否获得保障房为自变量，运用最小二乘法考察保障房发展对家庭教育文化娱乐消费的带动作用，结果如表 5-6 所示。无论是针对中低收入、中低资产家庭还是针对所有家庭，家庭获得保障房对教育文化娱乐消费均具有正向促进作用，估计系数在 1% 水平上显著。同时，本书也考察了保障房发展对医疗保障消费的影响作用，回归结果的系数不显著。结果表明，保障房发展水平的提升，能够有效促进家庭教育文化娱乐消费的增加，有利于改善家庭消费结构，进一步促进人力资本的提升。

表 5-6 保障房发展与家庭教育文化娱乐消费、家庭医疗保障消费的关系

变量	Ln 家庭教育文化娱乐消费			Ln 家庭医疗保障消费		
	所有城镇家庭 OLS	中低收入家庭 OLS	中低资产家庭 OLS	所有城镇家庭 OLS	中低收入家庭 OLS	中低资产家庭 OLS
是否获得保障房	0.490***	0.410***	0.600***	0.023	−0.053	−0.039
	(0.095)	(0.143)	(0.137)	(0.090)	(0.129)	(0.124)
是否控制家庭层面特征	是	是	是	是	是	是
是否控制城市层面特征	是	是	是	是	是	是
样本量/个	15 958	7 681	8 278	15 958	7 681	8 278
R^2	0.251	0.208	0.224	0.024	0.027	0.020

5.4 影响机制

住房保障的发展将引起家庭用于租金或购房的消费支出减少，促进其他生活用品或服务的消费，从而直接扩大消费需求（高波，2010）。那么住房保障水平的提升是通过什么路径来促进家庭消费的？美国等国家都以住房负担（住房支出占家庭全部收入的比例）作为判断家庭住房支付能力和实施保障措施的基础，30%的住房支出占比常常被作为上限提出。美国联邦政府根据调研提出，当住房支出占家庭全部收入的比重超过30%时，家庭会面临不能进行其他消费的风险。那么，发展住房保障会引起家庭用于租金或购房的消费支出减少，促进其他生活用品或服务的消费，从而直接扩大消费需求。而对于整个社会而言，根据凯恩斯经典的消费假说理论，低收入群体的边际消费倾向较高，而高收入群体边际消费倾向较低，增加低收入人群的收入就会提高整个社会的平均消费倾向。那么，住房保障水平的提升，也就是中低收入家庭无论是受到实物保障还是货币补贴，一方面会降低家庭的购房需求，也就是对家庭在市场上的购房行为产生替代效应；另一方面会在一定程度上降低家庭的住房成本，间接增加收入，降低了家庭的预算约束，提升家庭的非住房消费，从而提升家庭的总消费。

发展住房保障能否有效促进家庭的非住房消费，进而提升整体消费水平？家庭消费是指居民为满足消费需要而使用的全部支出。非住房消费是指家庭的总消费中与住房无关的消费。以家庭非住房消费为因变量，以是否获得保障房为自变量，笔者运用最小二乘法进行住房保障对家庭非住房消费的影响分析。结果见表5-7。结果显示：对于所有城镇家庭而言，家庭获得保障房对家庭非住房消费具有正向影响，且估计系数在1%水平上显著，当家庭获得保障房的概率每增加1个百分点，家庭非住房消费将增加0.058个百分点；对于中低收入家庭和中低资产家庭，住房保障水平提升对其家庭非住房消费的促进作用更大，这进一步表明住房保障通过降低家庭的住房成本提升了家庭的总消费水平。

表 5-7　住房保障与家庭非住房消费

变量	Ln 家庭非住房消费		
	所有城镇家庭 OLS	中低收入家庭 OLS	中低资产家庭 OLS
是否获得保障房	0.058*** (0.014)	0.068*** (0.018)	0.090*** (0.018)
是否控制家庭层面特征	是	是	是
是否控制城市层面特征	是	是	是
样本量/个	15 842	7 661	8 251
R^2	0.464	0.385	0.394

2008 年国际金融危机发生后，高投资率和低消费率的状态不利于我国经济健康持续稳定发展。转变经济增长模式，促进消费，启动内需，从而拉动经济增长是目前我国面临的重要战略问题。住房保障对扩大消费具有积极作用，能在一定程度上遏制房价非理性上涨，解决中低收入人群的居住难题，对建立房地产市场平稳健康发展的长效机制也具有重要意义。笔者运用 2017 年中国家庭金融调查数据，实证检验住房保障对家庭总消费的影响，创新性地选用 2016 年保障房用地供应面积占住宅用地供应总面积的比重变量作为工具变量，同时运用基于异方差的工具变量法来充分解决内生性问题。结果显示，保障房获得对家庭消费存在显著的正向影响，家庭获得保障房的概率每增加 1 个百分点，家庭总消费会随之增加 0.025 个百分点，说明发展住房保障能够对居民消费产生明显的扩张效应。住房保障的对象主要为中低收入家庭和中低资产家庭，本书还分别对中低收入家庭和中低资产家庭样本进行回归，发现住房保障水平的提升对中低收入家庭和中低资产家庭总消费具有显著正向影响，且影响系数高于对所有家庭回归的影响系数，表明住房保障水平提升对中低收入家庭和中低资产家庭消费的促进作用更大。笔者还研究了住房保障对居民家庭消费的影响机制，

实证结果表明住房保障水平的提升主要通过提升家庭非住房消费的渠道来促进家庭总消费的提升，同时，发展保障房能够有效促进家庭教育文化娱乐消费的增加，有利于改善家庭消费结构和促进人力资本的提升。

6 住房保障与人口城镇化的耦合协调

6.1 概述

英国工业革命在促进全球经济飞速发展的同时，也加快了人口在空间上聚集的速度，从而导致全球城市化进程不断加快（Xu et al.，2021；Davenport，2020）。相对于中国而言，欧美地区在进行产业发展时主要依靠外来移民提供生产发展的基本动力。因此在外籍人口向欧美国家进行迁移时，各个国家不同的移民政策限制了人口的流动速度和流动数量。中国作为一个人口基数巨大的国家，经济的推动主要来自分散在各个地区的农民向国内经济活动高度集中的城市迁移并提供充足的劳动力（Gu et al.，2007）。随着经济的高速发展，城市房价的上涨、我国各地区公共服务分配不均、城市内部针对外来人口的社会保障缺失等问题逐渐显现。仅依靠经济红利将外来人口吸引至大城市而不为其提供相应的保障并非真正意义上的城镇化。中国的城镇化在深层次意义上更侧重于人口的城镇化。人口城镇化始终是中国政府十分关注的问题，中国早在 2013 年便提出新型城镇化建设要求，而新型城镇化建设离不开为城市外来人口提供基本的安居保障，只有在外来人口等群体能够在城市中获得安居保障才能实际推动中国向新型与高质量的城镇化转变。本章评估了目前中国各省（自治区、直辖市）① 人口城镇化与住房保障的耦合协调程度，并进一步探讨了影响该耦

---

① 不含港、澳、台地区，下文同。

合协调度的因素，从时间和空间两个维度研究了中国人口城镇化与住房保障的协调度。

城市人口的增长是经济增长的结果，它反映的是产业对劳动力的需求。城市外来人口不能平等分享经济发展的成果，会带来社会风险问题。因此，在外来人口为城市发展提供动力的同时，如何加快对外来人口的社会融合对于城市发展、社会治安及人民幸福等方面尤为重要。其中，外来人口的住房保障是促进外来人口社会融合的基本条件。因此，探究中国人口城镇化与住房保障水平是否协调具有一定的现实意义。

由图6-1可知，我国各省（自治区、直辖市）经济发展并不均衡，这会造成人口向地区生产总值较高的省（自治区、直辖市）流动，以获得较高的收入。经济发展较好的地区不断吸引外来人口，也给这些地区带来较为庞大的公共服务供给压力，需要给更多的人群提供住房保障，这样才能确保中国人口城镇化的高质量推进。但从图6-2可知，经济发展较好、人口吸引力较强的地区，由于土地资源昂贵稀缺，其公共服务用地占比反而较低，说明我国人口城镇化与基本公共服务之间可能存在一定的空间错配，这是本章的研究重点。

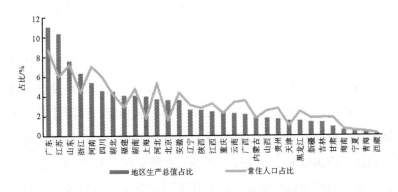

图6-1　2017年中国各省（自治区、直辖市）地区生产总值和常住人口所占比重

（数据来源：中国国家统计局）

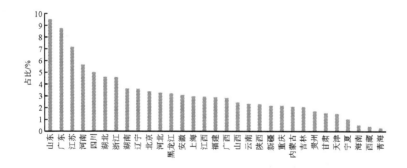

图6-2 2017年中国各省（自治区、直辖市）公共服务用地占土地供应总量的比重

（数据来源：中国住房和城乡建设部）

现有的研究主要集中在城镇化与教育、环境和土地利用等公共服务之间的耦合协调关系方面（Li et al.，2012）。很少有研究考察住房保障与人口城镇化之间的空间错配问题。本章基于2010—2017年中国各省（自治区、直辖市）面板数据①，运用耦合协调度、曼-肯德尔（Mann-Kendall）趋势检验、空间自相关等方法分析人口城镇化与住房保障供给协调度的时空变化，并采用面板固定效应模型明确影响协调度的主要因素。在此基础上，笔者提出提升人口城镇化与住房保障的耦合协调水平，提高居民福利和城镇化质量的建议。

6.2 数据与方法

6.2.1 数据来源

本章在前人所提出的指标体系（Zang et al.，2019；Wang et al.，2011）的基础上，构建了中国各省（自治区、直辖市）人口城镇化与住房保障耦合关系的评价指标体系。人口城镇化由城镇人口占总人口的比重、第二产

---

① 这里选择省级层面数据是因为本章要进行时空变化分析。根据数据的可得性，城市层面在住房保障方面较难搜集到多期的面板数据，导致无法分析人口城镇化与住房保障协调度在时间上的变化特征。

业和第三产业从业人员数量占从业人员总数的比重两个指标来衡量。住房保障发展水平由保障性住房供地面积占住宅用地总面积的比重（AHLA）和城市住房保障支出占一般预算支出总额的比重（AHEP）两个指标来衡量。指标的选取充分考虑了重要性、代表性和数据可得性。2010—2017年的面板数据来源于2011—2018年中国统计年鉴和2011—2018年中国国土资源统计年鉴。本章采用熵值法来构建我国31个省（自治区、直辖市）的人口城镇化指数和住房保障发展指数。

6.2.2 耦合协调模型

耦合起源于物理学领域，是指两个或两个以上的指标通过相互作用而相互影响的现象。其他领域，如气候变化、生态评估和城市发展，都在使用这种方法来研究不同系统之间的协同效应。

耦合度的具体计算过程如下：

$$C = 2\sqrt{f(U) \cdot g(E)} / [f(U) + g(E)] \tag{6-1}$$

其中，C 为耦合度，$f(U)$ 和 $g(E)$ 分别代表 U 和 E 的综合发展水平。耦合度更可能反映两个系统之间的相似性，缺乏对整体发展水平和各要素协同效应的反映，所以进一步建立了 U 和 E 的耦合协调模型：

$$T = \alpha f(U) + \beta g(E) \tag{6-2}$$

$$D = \sqrt{C \cdot T} \tag{6-3}$$

其中，D 为耦合协调度，T 代表 U 和 E 的综合协调指数，α、β 分别为 U 和 E 对城市发展贡献的程度。假定两个系统的贡献相同，因此设置值 $\alpha = \beta = 0.5$。根据耦合协调程度 D，U 与 E 的协调可分为六个阶段（见表6-1）。

表6-1　耦合协调度的分类标准

D 值	$0<D<0.4$	$0.4 \leqslant D<0.5$	$0.5 \leqslant D<0.6$	$0.6 \leqslant D<0.7$	$0.7 \leqslant D<0.8$	$0.8 \leqslant D<1$
发展阶段	严重失衡	中度失衡	轻微失衡	轻微平衡	中度平衡	极度平衡

6.2.3 Mann-Kendall 趋势检验

Mann-Kendall 趋势检验属于非参数统计方法，用于检测时间序列数据中的变化趋势。Mann-Kendall 检验在检测数据趋势方面是非常有效的，并且不要求数据序列具有特定的分布，也不要求必须满足线性趋势（Tabari et al., 2011；Yue et al., 2004）。

原假设认为时间序列数据不具有显著的单调变化趋势，即认为时间序列数据是 n 个随机分布的独立样本。

$$S = \sum_{k=1}^{n-1} \sum_{j=k+1}^{n} \text{sign}(x_j - x_k) \tag{6-4}$$

其中，x_j 和 x_k 分别表示 x 在第 j 年和第 k 年中的值：

$$\text{sign}(x_j - x_k) = \begin{cases} 1 & \text{if} \quad (x_j - x_k) > 0 \\ 0 & \text{if} \quad (x_j - x_k) = 0 \\ -1 & \text{if} \quad (x_j - x_k) < 0 \end{cases} \tag{6-5}$$

计算 S 的方差：

$$Var(S) = \frac{1}{18} \left[n(n-1)(2n+5) - \sum_{p=1}^{q} t_p(t_p-1)(2t_p+5) \right] \tag{6-6}$$

构建 Z 统计量：

$$Z = \begin{cases} \dfrac{S-1}{\sqrt{Var(S)}} & \text{if} \quad S > 0 \\ 0 & \text{if} \quad S = 0 \\ \dfrac{S+1}{\sqrt{Var(S)}} & \text{if} \quad S < 0 \end{cases} \tag{6-7}$$

Z 值为 0 表示时间序列数据趋势在一段时间内没有变化。Z 值为正表示上升的趋势，为负表示下降的趋势。当 Z 的绝对值大于或等于 1.28、1.64 和 2.32 时，分别表示通过了 90%、95% 和 99% 的置信度检验。

6.2.4　空间自相关法

空间自相关法可以有效地检测耦合协调度的空间特征，包括全局空间自相关和局部空间自相关，这类模型主要衡量一个地理单元上某种特定地理现象或属性值与其相邻地理单元上的另一相关现象或属性值之间的相关程度。莫兰指数（Moran's I）是目前较为流行的空间自相关检验统计量。

国际上的空间自相关方法通常采用全局 Moran's I 来检验整个区域是否存在空间相关；局部空间自相关模型主要由局部 Moran's I 度量，主要识别空间集群和空间离群点的位置。局部空间自相关可分为五类：高-高集聚型、低-低集聚型、高-低集聚型、低-高集聚型、空间随机型。

6.2.5　影响因素模型

笔者利用 2010—2017 年全国 31 个省（自治区、直辖市）的面板数据对耦合协调度的影响因素进行检验。基准回归模型如下：

$$D_{it} = \beta_0 + \beta_1 \, land_{it} + \beta_2 \, price_{it} + \beta_3 \, gdp_{it} +$$
$$\beta_4 \, pergdp_{it} + \beta_5 \, indu_{it} + \beta_6 \, reve_{it} + \beta_7 \, inco_{it} + \varepsilon_{it}$$

$$(6-8)$$

其中，D_{it} 是计算出的第 t 年 i 省（自治区、直辖市）住房保障与人口城镇化的耦合协调度；$land_{it}$ 是指土地出让金收入占一般公共预算收入的比重，衡量地方政府对土地财政的依赖程度；$price_{it}$ 是指住宅商品房的销售价格；gdp_{it} 和 $pergdp_{it}$ 分别代表国内生产总值和人均国内生产总值；$indu_{it}$ 是指产业结构，用第二、三产业的占比来衡量；$reve_{it}$ 是指一般公共预算收入；$inco_{it}$ 代表城乡收入差距，具体用城镇居民家庭人均可支配收入与农村居民家庭人均纯收入之比来衡量；β_1，β_2，…，β_7 是回归系数；β_0 是常数项；ε_{it} 是误差项。

6.3　结果分析

6.3.1　住房保障与人口城镇化的耦合协调水平

住房保障与人口城镇化协同发展直接影响区域人口、社会和经济的可持续发展，关系到居民福祉和高质量城镇化。耦合协调度用来衡量系统在运行过程中的相互关系，保证系统的可持续发展。笔者用熵值法计算住房保障和人口城镇化综合评价指标（见表 6-2），用式（6-1）至式（6-3）计算 2010—2017 年中国各省（自治区、直辖市）住房保障和人口城镇化的耦合协调度的均值（见图 6-3）。

表 6-2 住房保障和人口城镇化综合评价指标值

地区	2010 年		2011 年		2012 年		2013 年		2014 年		2015 年		2016 年		2017 年	
	人口城镇化指数	住房保障指数	人口城镇化指数	住房保障指数	人口城镇化指数	住房保障指数	人口城镇化指数	住房保障指数	人口城镇化指数	住房保障指数	人口城镇化指数	住房保障指数	人口城镇化指数	住房保障指数	人口城镇化指数	住房保障指数
北京	0.896	0.06	0.899	0.065	0.901	0.223	0.903	0.124	0.905	0.147	0.908	0.172	0.911	0.522	0.912	0.32
天津	0.841	0.17	0.849	0.19	0.859	0.335	0.865	0.141	0.868	0.247	0.873	0.408	0.877	0.249	0.879	0.129
河北	0.523	0.069	0.537	0.084	0.552	0.067	0.564	0.094	0.573	0.069	0.587	0.096	0.601	0.071	0.612	0.056
山西	0.543	0.192	0.555	0.212	0.57	0.204	0.581	0.143	0.587	0.112	0.594	0.21	0.604	0.21	0.611	0.165
内蒙古	0.539	0.087	0.555	0.097	0.566	0.125	0.587	0.109	0.601	0.141	0.606	0.186	0.606	0.192	0.603	0.169
辽宁	0.655	0.058	0.669	0.067	0.682	0.054	0.693	0.09	0.698	0.086	0.692	0.058	0.683	0.024	0.681	0.013
吉林	0.549	0.082	0.551	0.089	0.561	0.16	0.573	0.105	0.586	0.143	0.596	0.142	0.609	0.144	0.618	0.134
黑龙江	0.57	0.139	0.576	0.156	0.579	0.2	0.586	0.186	0.603	0.225	0.603	0.267	0.609	0.348	0.611	0.246
上海	0.925	0.117	0.926	0.129	0.923	0.135	0.925	0.025	0.929	0.074	0.918	0.111	0.922	0.049	0.922	0.095
江苏	0.682	0.102	0.693	0.113	0.704	0.153	0.712	0.105	0.723	0.144	0.736	0.187	0.748	0.221	0.759	0.153
浙江	0.716	0.041	0.727	0.046	0.736	0.411	0.741	0.313	0.748	0.297	0.756	0.324	0.77	0.325	0.78	0.204
安徽	0.51	0.182	0.521	0.202	0.543	0.318	0.559	0.234	0.574	0.254	0.586	0.219	0.599	0.17	0.611	0.145
福建	0.635	0.032	0.651	0.038	0.666	0.037	0.676	0.023	0.686	0.017	0.697	0.021	0.706	0.025	0.715	0.03
江西	0.531	0.141	0.546	0.155	0.565	0.179	0.577	0.267	0.589	0.128	0.602	0.12	0.616	0.157	0.63	0.097
山东	0.563	0.054	0.576	0.06	0.591	0.067	0.603	0.085	0.616	0.072	0.633	0.092	0.648	0.07	0.661	0.042
河南	0.459	0.095	0.479	0.108	0.496	0.105	0.511	0.108	0.517	0.1	0.535	0.156	0.549	0.115	0.566	0.076

表6-2（续）

地区	2010年		2011年		2012年		2013年		2014年		2015年		2016年		2017年	
	人口城镇化指数	住房保障指数	人口城镇化指数	住房保障指数	人口城镇化指数	住房保障指数	人口城镇化指数	住房保障指数	人口城镇化指数	住房保障指数	人口城镇化指数	住房保障指数	人口城镇化指数	住房保障指数	人口城镇化指数	住房保障指数
湖北	0.514	0.075	0.529	0.084	0.544	0.114	0.557	0.153	0.575	0.133	0.591	0.193	0.606	0.117	0.619	0.119
湖南	0.496	0.112	0.509	0.122	0.521	0.19	0.529	0.153	0.538	0.204	0.548	0.263	0.56	0.276	0.574	0.19
广东	0.703	0.031	0.708	0.035	0.714	0.032	0.72	0.03	0.724	0.037	0.73	0.053	0.746	0.036	0.753	0.06
广西	0.426	0.121	0.44	0.136	0.449	0.123	0.457	0.09	0.47	0.117	0.482	0.214	0.49	0.176	0.497	0.077
海南	0.497	0.077	0.507	0.082	0.519	0.093	0.546	0.063	0.554	0.133	0.568	0.137	0.578	0.187	0.589	0.24
重庆	0.56	0.187	0.581	0.207	0.601	0.194	0.616	0.093	0.631	0.1	0.648	0.098	0.667	0.124	0.681	0.065
四川	0.474	0.147	0.488	0.17	0.504	0.18	0.515	0.133	0.528	0.175	0.541	0.166	0.556	0.123	0.569	0.162
贵州	0.329	0.154	0.343	0.164	0.357	0.145	0.373	0.136	0.394	0.12	0.412	0.192	0.434	0.141	0.452	0.211
云南	0.369	0.069	0.385	0.072	0.411	0.17	0.423	0.092	0.438	0.148	0.455	0.13	0.46	0.211	0.48	0.056
西藏	0.332	0.1	0.348	0.136	0.369	0.151	0.378	0.061	0.397	0.072	0.423	0.345	0.454	0.154	0.466	0.106
陕西	0.515	0.15	0.53	0.171	0.494	0.168	0.51	0.187	0.525	0.252	0.543	0.195	0.555	0.308	0.569	0.177
甘肃	0.371	0.189	0.379	0.209	0.391	0.311	0.404	0.184	0.418	0.175	0.431	0.239	0.444	0.309	0.458	0.291
青海	0.509	0.274	0.527	0.306	0.545	0.458	0.55	0.247	0.56	0.138	0.568	0.38	0.579	0.583	0.589	0.375
宁夏	0.49	0.198	0.504	0.211	0.51	0.357	0.522	0.244	0.541	0.303	0.555	0.497	0.565	0.365	0.586	0.224
新疆	0.466	0.142	0.47	0.161	0.473	0.493	0.487	0.413	0.5	0.395	0.513	0.496	0.523	0.513	0.542	0.457

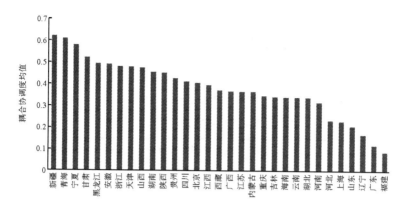

图6-3　2010—2017年中国省（自治区、直辖市）
住房保障与人口城镇化耦合协调度的均值

由图6-3可知，住房保障与人口城镇化耦合协调水平区域分化明显，区域住房保障与人口城镇化耦合协调度与其经济水平呈现反向发展关系。也就是说，经济发展水平较低的地区，耦合协调度较高；而经济发展水平较高的地区，耦合协调度较低。新疆、青海、宁夏、甘肃等处于西部地区，经济发展相对落后，其耦合协调程度较高；广东、上海、福建等处于东部地区，经济发展较快，耦合协调程度较低。经济发展较快的地区，产业集聚能力强，就业机会更多，许多流动人口涌入这些地区，对住房的需求较高。这些地区往往房价较高，外来人口买不起商品住房，居住问题较为突出，对住房保障的需求更大。在经济发展水平较高的地区，房价和地价较高，住房保障成本高，政府实施住房保障的压力较大，因而，住房保障资源并没有很好地集中在人口城镇化率较高的地区，也就是城镇人口较为集中的地区，存在一定程度的空间错配。政府的住房保障供给跟不上人口城镇化的速度，导致住房保障与人口城镇化的耦合协调度不高。

50%以上的地区的住房保障和人口城镇化的耦合协调呈现出从不协调到协调的变化趋势。如从2010年到2017年，新疆的住房保障与人口城镇化耦合协调度从轻微失衡的状态变成了轻微平衡的状态。又如北京的住房保障和人口城镇化的耦合协调度从2010年的严重失衡转为2017年的轻微平衡。在有大量外来人口涌入的大城市，房价较高，近年来地方政府越来越重视解决中低收入群体、青年和新市民的住房问题，致力于提高住房保障水平，以确保社会经济稳定发展。2010—2017 年中国各省（自治区、直辖市）住房保障与人口城镇化的耦合协调度见表6-3。

表6-3　2010—2017 年中国各省（自治区、直辖市）
住房保障与人口城镇化的耦合协调度

地区	2010年耦合协调度	2011年耦合协调度	2012年耦合协调度	2013年耦合协调度	2014年耦合协调度	2015年耦合协调度	2016年耦合协调度	2017年耦合协调度
北京	0.163	0.174	0.477	0.303	0.349	0.393	0.784	0.604
天津	0.398	0.431	0.624	0.342	0.514	0.695	0.517	0.316
河北	0.225	0.262	0.214	0.280	0.217	0.283	0.218	0.176
山西	0.468	0.495	0.483	0.381	0.317	0.565	0.488	0.418
内蒙古	0.269	0.290	0.348	0.311	0.374	0.452	0.462	0.425
辽宁	0.180	0.202	0.166	0.255	0.244	0.175	0.078	0.043
吉林	0.254	0.270	0.415	0.305	0.382	0.377	0.380	0.359
黑龙江	0.376	0.406	0.477	0.455	0.510	0.561	0.640	0.536
上海	0.287	0.312	0.324	0.072	0.194	0.275	0.133	0.241
江苏	0.284	0.306	0.384	0.287	0.365	0.440	0.490	0.377
浙江	0.125	0.140	0.697	0.606	0.588	0.617	0.618	0.460
安徽	0.456	0.484	0.611	0.523	0.547	0.502	0.427	0.382
福建	0.105	0.121	0.118	0.075	0.055	0.068	0.081	0.093
江西	0.384	0.407	0.445	0.562	0.352	0.334	0.402	0.279
山东	0.176	0.194	0.210	0.255	0.220	0.267	0.211	0.133
河南	0.300	0.324	0.316	0.322	0.301	0.412	0.331	0.236
湖北	0.241	0.263	0.329	0.404	0.363	0.464	0.327	0.329
湖南	0.331	0.351	0.466	0.407	0.485	0.558	0.572	0.461
广东	0.099	0.111	0.100	0.095	0.114	0.159	0.110	0.174
广西	0.361	0.388	0.360	0.288	0.346	0.502	0.449	0.249
海南	0.249	0.261	0.285	0.205	0.367	0.372	0.457	0.530
重庆	0.459	0.487	0.466	0.273	0.285	0.279	0.332	0.194
四川	0.402	0.439	0.453	0.372	0.443	0.427	0.346	0.417

表6-3(续)

地区	2010年 耦合 协调度	2011年 耦合 协调度	2012年 耦合 协调度	2013年 耦合 协调度	2014年 耦合 协调度	2015年 耦合 协调度	2016年 耦合 协调度	2017年 耦合 协调度
贵州	0.427	0.441	0.412	0.395	0.363	0.477	0.397	0.500
云南	0.248	0.254	0.446	0.299	0.408	0.375	0.499	0.195
西藏	0.331	0.398	0.420	0.223	0.251	0.613	0.416	0.323
陕西	0.403	0.437	0.436	0.464	0.546	0.472	0.603	0.441
甘肃	0.473	0.497	0.585	0.467	0.453	0.531	0.594	0.582
青海	0.570	0.600	0.703	0.539	0.375	0.661	0.762	0.660
宁夏	0.480	0.498	0.638	0.537	0.598	0.723	0.651	0.509
新疆	0.395	0.427	0.695	0.666	0.660	0.710	0.720	0.702

6.3.2 耦合协调度的时间变化特征

笔者用式（6-4）至式（6-7）进行 Mann-Kendall 趋势检验，检验了住房保障与人口城镇化发展水平的耦合协调度的变化趋势，图 6-4、图 6-5、图 6-6、图 6-7 显示了检验结果。全国平均值 Z 值为 1.608，在 90% 的置信度水平上大于临界值 1.28，表明耦合协调度有显著上升趋势。从区域来看，除了东部地区的 Z 值大于 90% 置信水平下的临界值外，中西部地区之间的耦合协调度上升趋势并不明显。东部地区经济相对发达，人口城镇化程度较高，住房保障水平普遍较低；由此可见，两者之间的耦合协调程度相对较低。中部地区特别是西部地区经济发展相对落后，人口城镇化水平较低，耦合协调度相对较高，因此，上升趋势并不明显。

注：＊表示 90% 的置信度区间。

图 6-4　2010—2017 年全国耦合协调度变化趋势及检验

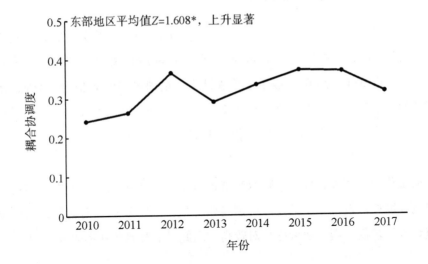

注：＊表示 90% 的置信度区间。

图 6-5　2010—2017 年东部地区耦合协调度变化趋势及检验

注：＊表示90%的置信度区间。

图 6-6　2010—2017 年中部地区耦合协调度变化趋势及检验

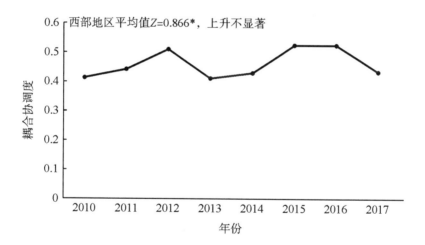

注：＊表示90%的置信度区间。

图 6-7　2010—2017 年西部地区耦合协调度变化趋势及检验

6.3.3　耦合协调度的空间特征

笔者以 2010—2017 年住房保障与人口城镇化的耦合协调指数为基础，根据公式计算住房保障与人口城镇化的空间自相关系数，运用 ArcGIS 软件测算各年度的全局 Moran's I 指数，以探索 2010—2017 年耦合协调发展水平的空间特征（见图 6-8）。住房保障和人口城镇化的耦合协调发展的全局 Moran's I 指数均为正值，Z 统计值均通过 5% 显著性水平检验，表明耦合协调度呈现较强的空间正相关性，即耦合协调发展水平高值区的邻近区域也是高值区，意味着自 2010 年以来，我国住房保障与人口城镇化协调发展对空间分布具有特定依赖性，研究单元不是独立的。2010—2011 年，全局 Moran's I 指数呈增长趋势，空间集聚异常显著，从 0.352 4 增长到 0.358 2；2011—2017 年，全局 Moran's I 指数下降至 0.164 9，但仍为正，表明住房保障与人口城镇化的耦合协调的空间集聚特征依然显现。

图 6-8　2010—2017 年耦合协调度的全局 Moran's I 指数

　　尽管全局 Moran's I 指数表明，住房保障与人口城镇化的耦合协调度在空间分布上具有较强的正相关，集聚特征显著，但并未揭示在特定的地区，这种空间正相关关系是否仍能满足。因而笔者使用局部空间自相关模型进行进一步分析，计算局部 Moran's I 指数。2010—2017 年，局域空间集聚协调特征显著，主要表现为高-高、低-低集聚。集聚度较高的省（自治区、直辖市）主要集中在西北地区，西北地区生态环境脆弱，地理位置较偏，经济基础薄弱，城乡差距明显，人口城镇化水平较低，房屋和土地价格均不高，地方政府提供的住房保障的成本并不高。因此，此类地区的住房保障可以与人口城镇化很好地耦合。低-低集聚的省（自治区、直辖市）主要集中在东部沿海地区，如广东省，但这种低-低集聚的特征到 2017 年就不明显了。东部地区经济和产业发达，许多外来人口流入城市地区，人口城镇化水平较高。然而，地方政府在实施住房保障方面承受着较大的压力，住房保障供给难以满足居民的需求。然而，近年来，地方政府加大了对住房保障的投入，以实现住有所居，遏制房价过快上涨，住房保障发展水平有所提升，因此该类型区域的低-低集聚特征变得不明显。

6.3.4 影响因素

笔者运用面板固定效应模型和随机效应模型研究住房保障与人口城镇化耦合协调度的影响因素。变量的描述性统计如表 6-4、表 6-5 所示。

表 6-4 变量的描述性统计（一）

变量	样本量/个
住房保障与人口城镇化的耦合协调度	248
土地出让金收入占一般公共预算收入的比重	248
住宅商品房销售价格	248
地区生产总值	248
人均地区生产总值	248
第二、三产业所占比重	248
一般公共预算收入	248
城镇居民家庭人均可支配收入与农村居民家庭人均纯收入之比	248

表 6-5 变量的描述性统计（二）

变量	均值	方差	最小值	最大值
住房保障与人口城镇化的耦合协调度	0.382	0.159	0.043	0.784
土地出让金收入占一般公共预算收入的比重	0.443	0.228	0.068	1.395
住宅商品房销售价格 /元·平方米	6 586	4 253	2 896	32 140

表6-5(续)

变量	均值	方差	最小值	最大值
地区生产总值/亿元	20 983	17 120	507	89 705
人均地区生产总值/元	48 128	23 467	13 119	128 994
第二、三产业所占比重	0.899	0.051	0.739	0.996
一般公共预算收入/亿元	2 261	1 906	37	11 315
城镇居民家庭人均可支配收入与农村居民家庭人均纯收入之比	2.732	0.462	1.845	4.073

回归结果（见表6-6）表明，地方政府对土地财政的依赖程度对耦合协调度产生负向影响，且影响系数在1%的水平上显著。一个可能的解释是，对土地财政依赖度较高的地方政府有更多的动机供应商品住房或工业用地，以获得更高的土地出让金，从而没有动力供应回报很少的保障性住房用地，导致住房保障发展难以与人口城镇化水平相协调。房价对耦合协调度的影响系数为负，通过5%的显著性水平检验，表明房价快速上涨在一定程度上降低了人口城镇化和必要公共服务的协调水平。财政收入的回归系数呈现正向显著，表明当城市的财政收入增加，盈余充足时，加大住房保障力度、提高耦合协调度的可能性很强，从而吸引更多流动人口，产生更多税收，形成良好循环。

表6-6　耦合协调度的影响因素

变量	住房保障与人口城镇化的耦合协调度			
土地出让金收入占一般公共预算收入的比重	-0.233 *** (0.039)	-0.203 *** (0.042)	-0.229 *** (0.038)	-0.189 *** (0.040)
住宅商品房销售价格（对数）	-0.150 ** (0.066)		-0.129 ** (0.054)	
地区生产总值（对数）	0.406 (0.369)		-0.152 ** (0.063)	
人均地区生产总值（对数）	-0.319 (0.374)		0.230 *** (0.066)	

表6-6(续)

变量	住房保障与人口城镇化的耦合协调度			
第二、三产业所占比重		-0.768 (0.704)		-0.833* (0.450)
一般公共预算收入（对数）	0.134* (0.070)		0.135** (0.062)	
城镇居民家庭人均可支配收入与农村居民家庭人均纯收入之比	0.140*** (0.036)		0.107*** (0.033)	
常数项	0.486*** (0.018)	0.616 (1.033)	0.484*** (0.029)	0.052 (0.596)
样本量/个	248	248	248	248
R^2	0.141	0.243	0.141	0.231

  本章选取 2010—2017 年中国各省（自治区、直辖市）的面板数据，运用耦合协调度、Mann-Kendall 趋势检验、空间自相关和面板固定效应模型等方法，分析了住房保障与人口城镇化耦合协调度的时空变化及其影响因素，以期明晰区域住房保障与居民需求的空间错配问题，并找出耦合协调发展的显著影响因素。2010—2017 年，我国各省（自治区、直辖市）住房保障与人口城镇化的耦合协调水平区域分化明显，区域住房保障与人口城镇化耦合协调度与其经济水平呈现反向发展关系。可见，住房保障并没有集中在人口城镇化率较高的地区，即城镇人口较为集中的地区，存在一定程度的空间错配。2010—2017 年，住房保障与人口城镇化的耦合协调的全局 Moran's I 指数均为正，表明耦合协调度表现出较强的空间正相关。局部 Moran's I 指数表明耦合协调度的局部空间集聚特征显著，主要表现在高-高集聚和低-低集聚。地方政府对土地财政的依赖程度、房价与耦合协调度呈显著的负相关，城市财政收入与耦合协调度呈显著的正相关。

7 中国城市住房保障发展的政策建议

住房保障一直是我国住房市场的重要组成部分，为缓解我国住房保障制度中存在的问题，改善居民住房条件，引导住房的理性消费，落实健全房地产调控长效机制和促进住房市场健康平稳发展，笔者提出以下有针对性的政策建议：

（1）建立科学有效的住房保障评估体系。

一般而言，地方政府对住房保障供给缺乏动力，中央政府若能够准确把握各城市的住房保障水平，对其进行考评，并出台更为严格的监督措施，就能够很好地约束地方政府的行为，解决住房保障制度实施过程中的一些问题。本书从准入门槛方面对城市的住房保障供给能力进行评价，政府可以探索从住房保障规划、房源筹集、精准配置、准入门槛、保障标准、进入退出机制、审核监管等方面多方位建立住房保障评价体系，评估各地区住房保障水平。住房保障评价体系既可以为地方政府绩效考核提供重要的参考指标，又可引导各地区制定合理准入条件，优化住房保障方式，优先保障需求迫切的对象。

（2）合理确定住房保障"因城施策"的边界。

由于我国住房市场地区间差异较大，政策调控应落实城市主体责任，因城施策，分类指导，但在因城施策的过程中，中央政府必须加强监察管理，合理界定"因城施策"的边界，增强调控的精准性。在住房保障方面，由本书的准入条件分析和指数测算可知，不同城市的住房保障水平参差不齐，对不同户籍人口的住房保障力度也不同，会出现在一些人口流入较大的城市并不注重外来人口住房保障等问题。地方政府在住房保障政策制定方面具有较高的自由度，并不能保证地方政府制定的相关政策和标准都合理有效，因而中央政府可以针对不同经济发展水平和地理资源条件的城市，在住房保障政策方面制定相应的标准，让地方政府在一定的边界内"因城施策"。

（3）增加住房保障财政支出，充分发挥其对房价的抑制作用及商品房需求的替代作用。

实证研究结果显示，无论是针对所有居民还是针对中低收入居民，住房保障都能有效地缓解房价过快上涨，对商品房需求产生明显的替代效应。我国正处于住房保障快速发展阶段，政府需继续加大资金投入，满足居民对住房保障这项公共服务的需求。但不容忽视的是，无论是实物保障还是货币保障，地方政府的财政压力较重，因而政府应发挥在住房保障中的主导作用和监督作用，积极创新住房保障资金筹措方式，引入市场元素，如完善房地产信托基金、公私合营模式等。

（4）尽快完善住房保障的分配管理制度，加强对中低收入家庭和"新市民"家庭的保障。

实证研究发现，对于中低收入家庭而言，住房保障对家庭购房行为存在替代效应，对家庭购房计划需求的替代作用尤为明显，那么各地方政府应不断扩大保障覆盖面，并加强对外来人口的保障力度，增加政策对中低收入家庭的倾斜度，从而降低中低收入家庭的直接居住成本，间接提高收入，减少消费的"后顾之忧"，鼓励居民消费，从而快速提升中低收入家庭和外来家庭的消费水平。

（5）面向需求，提升住房保障和人口城镇化的协调度。

本书通过研究发现，住房保障资源在人口城镇化率高的地区没有很好地集中，存在一定程度的空间错配。为了缓解这种不协调，地方政府可以面向需求，将住房保障供给与城市流动人口数量联系起来。在保障性住房用地供应方面，地方政府要控制城市用地规模不合理扩张，深度挖掘城市存量建设用地潜力，加快对城市土地存量空间的高效利用。本书所做研究还发现住房保障与人口城镇化的耦合协调表现出较强的空间正相关，因而建议地方政府根据区域功能定位和资源环境承载力，制定差异化保障性城镇住房用地供应标准，推动跨行政区域土地开发。

参考文献

安辉，王瑞东，2013. 我国房地产价格影响因素的实证分析：兼论当前房地产调控政策 [J]. 财经科学（3）：115-124.

蔡伟贤，2014. 公共支出与居民消费需求：基于 2SLS 模型的分析 [J]. 财政研究（4）：25-28.

陈斌开，陈琳，谭安邦，2014. 理解中国消费不足：基于文献的评述 [J]. 世界经济（7）：3-22.

陈怡芳，高峰，于江涛，2012. 德国、瑞士低收入家庭住房保障考察报告 [J]. 财政研究（3）：54-56.

陈健，邹琳华，2012a. 扩大内需下保障房的最优供给区间研究：基于财富效应的分析视角 [J]. 财贸经济（1）：115-122.

陈健，高波，2012b. 住房保障与财富效应逆转：基于平滑转换回归方法的实证分析 [J]. 经济评论（1）：57-66.

陈章喜，翟敏，2012. 关于住房保障影响居民消费的实证分析 [J]. 商业研究（6）：57-61.

成峰，席鹏辉，2017. 财政民生支出对居民消费的区域效应研究 [J]. 经济问题探索（7）：153-162.

陈杰，张鹏飞，2010. 韩国的公共租赁住房体系 [J]. 城市问题（6）：91-97.

邓大亮，2009. 德国的廉租住房建设 [J]. 城乡建设（8）：77-78.

邓宏乾，贾傅麟，方菲雅，2015. 住房补贴对住房消费、劳动供给的影响侧度：基于湖北省五城市廉租住房保障家庭的数据分析 [J]. 经济评论（5）：100-110.

丁颖，2011. 我国政府教育财政支出对居民消费行为影响的研究
［C］//2011 首都教育论坛暨学校发展国际学术研讨会论文集：475-486.

方匡南，章紫艺，2010. 社会保障对城乡家庭消费的影响研究［J］.
统计研究（3）：51-58.

高波，2010. 房价波动、住房保障与消费扩张［J］. 理论月刊（7）：
5-9.

高恒，金浩然，2022. 美国租赁住房发展研究［J］. 城乡建设（8）：
69-71.

郭克莎，2017. 中国房地产市场的需求和调控机制：一个处理政府与
市场关系的分析框架［J］. 管理世界（2）：97-108.

郭正模，2012. 保障性住房建设面临的土地供给难题与破解方略［J］.
资源与人居环境（5）：26-29.

黄克，2015. 国外经验对我国解决低收入群体住房保障的启示［J］.
广西城镇建设（7）：37-44.

黄清，2009. 德国低收入家庭及公务员的住房保障政策［J］. 城乡建
设（4）：73-74.

韩冰，毛程连，2012. 保障性住房建设的新构想与财政对策［J］. 中
国行政管理（11）：46-50.

胡书东，2002. 中国财政支出和民间消费需求之间的关系［J］. 中国
社会科学（6）：26-32.

胡永刚，郭新强，2012. 内生增长、政府生产性支出与中国居民消费
［J］. 经济研究（9）：15.

况伟大，2009. 住房特性、物业税与房价［J］. 经济研究（4）：151-
160.

李莉，2008. 美国公共住房政策的演变［D］. 厦门：厦门大学.

李进涛，孙峻，李红波，2012. 加拿大公共住房 PPPs 模式实践与启示
［J］. 湖北经济学院学报（2）：73-78.

李罡，2013a. 住有所居 荷兰的社会住房政策 [J]. 经济（1）：96-98.

李罡，2013b. 荷兰的社会住房政策 [J]. 城市问题（7）：84-91.

刘洪玉，郑思齐，2007. 城市与房地产经济学 [M]. 北京：中国建筑工业出版社.

刘敬伟，2007. 非均衡条件下房地产价格变化的主要因素及动力机制 [J]. 经济研究导刊（6）：186-188.

刘园，李捷嵩，2017. 保障房真能有效抑制房价上涨吗？——基于动态面板门槛模型 [J]. 经济与管理评论，33（5）：5-11.

刘友平，陈险峰，虞晓芬，2012. 公共租赁房运行机制的国际比较及其借鉴：基于美国、英国、德国和日本的考察 [J]. 建筑经济（3）：68-72.

吕洪业，沈桂花，2017. 英国住房保障政策的演变及启示 [J]. 行政管理改革（6）：52-55.

马建平，2011. 中国保障性住房制度建设研究 [D]. 长春：吉林大学.

潘爱民，韩正龙，2012. 经济适用房、土地价格与住宅价格：基于我国 29 个省级面板数据的实证研究 [J]. 财贸经济（2）：106-113.

彭爽，刘丹，2017. 宏观调控、微观管制与房地产市场稳定 [J]. 经济学家（6）：58-66.

钱坤，徐霞，徐慧颖，2014. 保障性住房建设与土地财政关系的实证研究：基于"结构方程"模型 [J]. 企业经济，33（11）：119-122.

沈悦，张学峰，周奎省，2011. 住宅价格与居民收入均衡关系及住房支付能力稳定性 [J]. 财经研究，37（3）：81-92.

沈梦颖，雷良海，2020. 民生性财政支出对城镇居民消费的影响：基于泛珠三角地区面板数据的分析 [J]. 经济研究导刊（34）：58-60.

申琳，马丹，2007. 政府支出与居民消费：消费倾斜渠道与资源撤出渠道 [J]. 世界经济（11）：73-79.

唐文进，宋朝杰，陈畅，2012. "十二五"期间保障房建设的经济效应 [J]. 城市问题（11）：2-9.

王斌，高戈，2011. 中国住房保障对房价动态冲击效应：基于 SVAR 的实证分析 [J]. 中央财经大学学报 (8)：54-59.

王根贤，2013. 财政分权激励与土地财政、保障性住房的内在逻辑及其调整 [J]. 中央财经大学学报 (5)：1-5.

王松涛，刘洪玉，2009. 以住房市场为载体的货币政策传导机制研究：SVAR 模型的一个应用 [J]. 数量经济技术经济研究，26 (10)：61-73.

王先柱，赵奉军，2009. 保障性住房对商品房价格的影响：基于 1999—2007 年面板数据的考察 [J]. 经济体制改革 (5)：143-147.

吴福象，姜凤珍，2012. 保障房、高档房与我国房地产市场调控：基于东中西三大地带省际面板数据的实证分析 [J]. 财经理论与实践，33 (5)：86-90.

吴锐，李跃亚，2011. 经济适用房与高房价关系的实证分析：基于 VAR 模型 [J]. 技术经济，30 (4)：81-85.

温兴祥，2019. 本地非农就业对农村居民家庭消费的影响：基于 CHIP 农村住户调查数据的实证研究 [J]. 中国经济问题 (3)：95-107.

肖作平，尹林辉，2014. 我国个人住房消费影响因素研究：理论与证据 [J]. 经济研究 (1)：66-76.

徐忠，张雪春，丁志杰，等，2010. 公共财政与中国国民收入的高储蓄倾向 [J]. 中国社会科学 (6)：93-107.

徐旭初，贾广东，刘继红，2008. 德国农业合作社发展及对我国的几点启示 [J]. 农村经营管理 (5)：38-42.

杨恒，2014. 我国房地产调控有效性分析 [J]. 宏观经济研究 (3)：64-72.

叶剑平，李嘉，2018. "住房-土地-财税-金融" 四位一体房地产调控长效机制构建研究：基于 DSII 政策分析框架和 ITS 模型 [J]. 中国软科学 (12)：67-86.

张旦，2017. 需求吸纳和土地挤占影响下的保障性住房建设与住宅价格联动研究：35 个大中城市面板数据的应用 [D]. 深圳：深圳大学.

郑思齐，张英杰，2013. "十二五"期间保障房建设如何"保障"：基于地方政府策略选择的分析 [J]. 探索与争鸣 (4)：66-71.

周京奎，2012. 收入不确定性、公积金约束与住房消费福利：基于中国城市住户调查数据的实证分析 [J]. 数量经济技术经济研究，29 (9)：95-110，121.

周航，樊学瑞，周哲，2016. 保障性住房供给对消费扩张的影响 [J]. 财经科学 (4)：69-79.

詹浩勇，陈再齐，2012. 加拿大社会保障住房的发展及其启示 [J]. 商业研究 (4)：182-187.

张大永，曹红，2012. 家庭财富与消费：基于微观调查数据的分析 [J]. 经济研究 (1)：53-65.

张浩，易行健，周聪，2017. 房产价值变动、城镇居民消费与财富效应异质性：来自微观家庭调查数据的分析 [J]. 金融研究 (8)：50-66.

ALBRIGHT L, DERICKSON E S, MASSEY D S, 2013. Do Affordable Housing Projects Harm Suburban Communities? Crime, Property Values, and Taxes in Mount Laurel, NJ [J]. City & Community, 12 (2)：89-112.

APGAR W C, 1990. Which housing policy is best? [J]. Housing Policy Debate, 1 (1), 1-32.

ARNOTT R J, BRAID R M, DAVIDSON R, et al, 1999. A general equilibrium spatial model of housing quality and quantity [J]. Regional Science and Urban Economics, 29 (3)：283-316.

ALIG R J, KLINE J D, LICHTENSTEIN M, 2004. Urbanization on the US landscape：Looking ahead in the 21st century [J]. Landscape and Urban Planning, 69：219-234.

BERNANKE B S, GERTLER M, 1995. Inside the Black Box：the Credit Channel of Monetary Policy Transmission [J]. Journal of Economic Perspectives, 9 (4)：27-48.

BISCHOFF O, MAENNIG W, 2012. On the effects of owner-occupied subsidies on housing construction in Germany [J]. Journal of European Real Estate Research, 5 (1): 29-47.

BRAMLEY G, KARLEY N K, 2005. How much extra affordable housing is needed in England [J]. Housing Studies, 20 (5): 685-715.

BLAKE D, 2004. The Impact of Wealth on Consumption and Retirement Behavior in the UK [J]. Applied Financial Economics, 14 (8): 555-576.

BORCK R , MP PFLÜGER, WERDE M, 2010. A simple theory of industry location and residence choice [J]. Social Science Electronic Publishing, 10 (6): 913-940.

BOHLE H G, DOWNING T E, WATTS M J, 1994. Climate change and social vulnerability: Toward a sociology and geography of food insecurity [J]. Global Environment Change (4): 37-48.

BARRO R, 1979. Social Security and Consumer Spending in an International Cross Section" [J]. Journal of Public Economy (11): 275-289.

BARNETT S A , BROOKS R, 2010. China: Does Government Health and Education Spending Boost Consumption? [J]. Working Papers, 10 (16): 1-14.

BAUM C F, LEWBEL A, 2019. Advice on Using Heteroskedasticity-based Identification [J]. The Stata Journal, 19 (4): 757-767.

CARTER S, 2011. Housing Tenure Choice and the Dual Income Household [J]. Journal of Housing Economics, 20 (3): 159-170.

CAI L, CUI J, JO H, 2016. Corporate environmental responsibility and firm risk [J]. Journal of Business Ethics (139): 563-594.

CAI X, WU W, 2018. Affordable housing policy development: public official perspectives [J]. International Journal of Housing Markets and Analysi, 12 (5): 934-951.

CHAN K W, BUCKINGHAM W, 2008. Is China abolishing the hukou system? [J]. The China Quarterly, 195: 582-606.

CHEN J, HAO Q, STEPHENS M, 2010. Assessing housing affordability in post-reform China: A case study of Shanghai [J]. Housing Studies, 25 (6): 877-901.

CHEN J, YAO L, WANG H, 2007. Development of public housing in post-reform China [J]. China & World Economy, 25 (4): 60-77.

CHEN J, YANG Z, WANG Y P, 2014. The new Chinese model of public housing: a step forward or backward [J] Housing studies, 29: 534-550.

CHOGUILL C L, 2007. The search for polices to support sustainable housing [J]. Habitat International, 31 (1): 143-149.

DAI P F, XIONG X, ZHOU W X, 2021. A global economic policy uncertainty index from principal component analysis [J]. Finance Research Letters, 40: 101-106.

DING C, 2003. Land policy reform in China: assessment and prospects [J]. Land use policy, 20 (2): 109-120.

DING C, 2007. Policy and praxis of land acquisition in China [J]. Land use policy, 24: 1-13.

DAVIS J C, HENDERSON J V, 2004. Evidence on the political economy of the urbanization process [J]. Journal of Urban Economics, 53 (1): 98-125.

DANG Y, LIU Z, ZHANG W, 2014. Land-based interests and the spatial distribution of affordable housing development: The case of Beijing, China [J]. Habitat International, 44: 137-145.

DAVENPORT R J, 2020. Urbanization and mortality in Britain [J]. The Economic History Review, 73: 455-485.

DIPASQUALE D, 1996. The Economics of Housing Subsidies [C]. New York: National Community Development Initiative Seminar.

ERIKSEN M D, ROSS A, 2015. Housing Vouchers and the Price of Rental Housing [J]. American Economic Journal: Economic Policy, 7 (3): 154-176.

ENGELSMAN U, ROWE M, SOUTHERN A, 2018. Community land trusts, affordable housing and community organizing in low – income neighborhoods [J]. International Journal of Housing Policy, 18 (1): 103-123.

EMANUELE C. GIOVANNI C. DAVID C et al., 2010. Public Expenditures on Social Programs and Household Consumption in China [J]. IMF Working Paper (69): 1.

FLOETOTTO M, KIRKER M, STROEBEL J, 2016. Government intervention in the housing market: Who wins, who loses [J]. Journal of Monetary Economics (80): 106-123.

FAN Y, YANG H, 2019. How Is Public Housing Policy Implemented in China? A Tentative Analysis of the Local Implementation of Four Major Programs [J]. The American Review of Public Administration, 49 (3): 372-385.

GLAESER E L, GYOURKO J, SAKS A R, 2004. Why is Manhattan so expensive? Regulation and the rise in house prices [J]. Journal of Law and Economics, 48 (2): 331-370.

GLAESER E L , RESSEGER M G, 2010. The Complementarity between Cities and Skills [J]. Journal of Regional Science, 50 (1): 221-244.

GREEN R K, MALPEZZI S, 2003. A Primer on U. S. Housing Markets and Housing Policy [M]. Washington D C: Urban Institute Press.

GROVES R, MURIE A, WATSON C, 2007. Housing and the New Welfare State-Perspectives from East Asia and Europe [M]. New York: Ashgate Publishing.

GAN X, ZUO J, YE K, et al., 2016. Are migrant workers satisfied with public rental housing? A study in Chongqing, China [J]. Habitat International, 56: 96-102.

GOLDIN C, KATZ F, 2008. The race between education and technology [M]. Cambridge: The Belknap Press of Harvard university press.

GU K, WALL G, 2007. Rapid urbanization in a transitional economy in

China: The case of Hainan Island [J]. Singapore Journal of Tropical Geography (28): 158-170.

GREUNZ L, 2004. Industrial structure and innovation-evidence from European regions [J]. Journal of Evolutionary Economics, 14: 563-592.

HAURIN D R, PARCE T L, HAURIN R J, 2002. Does Homeownership Affect Child Outcomes? [J]. Real Estate Economics, 30 (4): 635-666.

HO T W, 2001. The Government Spending and Private Consumption: A Panel Integration Analysis [J]. International Review of Economics Finance, 28: 874-896.

HENDERSON J V, STOREYGARD A, DEICHMANN U, 2017. Has climate change driven urbanization in Africa? [J]. Journal of Development Economics, 124: 60-82.

HE C, CHEN T, MAO X, et al., 2016. Economic transition, urbanization and population redistribution in China [J]. Habitat International, 51: 39-47.

HUI E C M, WONG F K W, 2006. Affordable housing in China [J]. Habitat International, 30 (2): 275-276.

HSIAO H W, 2020. Transformation and issues of public housing policies facing aging society: Case review of Osaka City, Japan [J]. Japan Architectural Review, 4 (1): 5-13.

HUANG Z, DU X, 2015a. Assessment and determinants of residential satisfaction with public housing in Hangzhou, China [J]. Habitat International, 47: 218-230.

HUANG Y, YI C, 2015b. Invisible migrant enclaves in Chinese cities: Underground living in Beijing, China [J]. UrbanStudies, 52: 2948-2973.

HUANG Y, 2002. Managing Chinese Bureaucrats: An Institutional Economics Perspective [J]. Political Studies, 50 (1): 61-79.

HU F Z, QIAN J, 2017. Land-based finance, fiscal autonomy and land supply for affordable housing in urban China: A prefecture-level analysis [J].

Land Use Policy, 69: 454-460.

HOLMQVIST E, TURNER L M, 2014. Swedish Welfare State and Housing Markets: under Economic and Political Pressure [J]. Journal of Housing and the Built Environment, 29 (2): 237-254.

JI X , WU J , ZHU Q , et al., 2019. Using a hybrid heterogeneous DEA method to benchmark China's sustainable urbanization: an empirical study [J]. Annals of Operations Research, 278 (1-2): 1-55.

KARRAS G, 1994. Government Spending and Private Consumption: Some International Evidence[J]. Journal of Money Credit and Banking, 26(1): 9-22.

LACOVIELLO M, MINETTI R , 2008. The credit channel of monetary policy: evidence from the housing market [J]. Journal of Macroeconomics, 30 (1): 69-96.

LEE J T, 2006. Price Discovery between Residential Land &Housing Markets [J]. Journal of Housing Research, 15 (2): 95-112.

LAFERRÈRE A, BLANC D L, 2004. How do housing allowances affect rents? An empirical analysis of the French case [J]. Journal of Housing Economics, 13 (1): 36-67.

LI K, MA Z, LIU J, 2019a. A new trend in the Space – Time distribution of cultivated land occupation for construction in China and the impact of population urbanization [J]. Sustain, 11: 50-89.

LI J, STEHLIK M, WANG Y, 2019b. Assessment of barriers to public rental housing exits: Evidence from tenants in Beijing, China [J]. Cities, 87: 153-165.

LI Y, ZHOU Y, SHI Y, et al., 2012. Investigation of a coupling model of coordination between urbanization and the environment [J]. Environmental Management, 98: 127-133.

LI X, LU Z, 2021. Quantitative measurement on urbanization development level in urban Agglomerations: A case of JJJ urban agglomeration [J]. Ecological Indicators, 133: 108-110.

LIU Y, YAO C, WANG G, et al., 2011. An integrated sustainable devel-
opment approach to modeling the eco – environmental effects from urbanization
[J]. Ecological Indicators, 11 (6): 1599-1608.

LIN X , LU C , SONG K, et al., 2020. Analysis of Coupling Coordination
Variance between Urbanization Quality and Eco-Environment Pressure: A Case
Study of the West Taiwan Strait Urban Agglomeration, China [J]. Sustainabili-
ty, 12: 26-43.

LIN Y, LI Y, MA Z, 2018. Exploring the interactive development between
population urbanization and land urbanization: Evidence from Chongqing, China
(1998-2016) [J]. Sustain, 10: 17-41.

LE BLANC A, LAFERRÈRE, 2001. The Effect of Public Social Housing on
Households' consumption in France [J]. Journal of Housing Economics, 10
(4): 429-455.

LOGAN J R, FANG Y, ZHANG Z, 2010. The winners in China's urban
housing reform [J]. Housing studies, 25 (1): 101-117.

MAK S , CHOY L , HO W, 2007. Privatization, housing conditions and
affordability in the People's Republic of China [J]. Habitat International, 31
(2): 177-192.

MALPASS P, 2008. Housing and the New Welfare State: Wobbly Pillar or
Cornerstone [J]. Housing Studies, 23 (1): 1-19.

MURRAY M P, 1999. Subsidized and Unsubsidized Housing Stocks 1935 to
1987: Crowding out and Cointegration [J]. Journal of Real Estate finance and
Economics, 18 (1): 107-124.

MALPEZZI S, VANDELL C, 2002. Does the low-income housing tax credit
increase the supply of housing? [J]. Journal of Housing Economics, 11 (4):
360-380.

MODIGLIANI T, 1975 . The Consumption Function in a Developing Economy and the Italian Experience [J]. American Economic Review, 5: 825-842.

MULLIGAN G F, 2013. Revisiting the urbanization curve [J]. Cities, 32: 58-67.

NOLL H H, WEICK, S, 2014. Housing in Germany: expensive, comfortable and usually rented-analysis of the housing conditions and quality in comparison to other European countries [J]. Informations dienst Soziale Indikatoren, 4: 1-6.

OHLS J C, 1975. Public policy toward low income housing and filtering in housing markets [J], Journal of Urban Economics, 2 (2): 144-171.

QUIGLEY J M, RAPHAEL S, 2005. Regulation and the High Cost of Housing in California [J]. American Economic Review, 95 (2): 323-328.

OLSSON G, 1970. Explanation, prediction, and meaning variance: an assessment of distance interaction models [J]. Economic Geography, 46: 223-233.

PARK H, FAN P, JOHN R, et al., 2017. Urbanization on the Mongolian Plateau after economic reform: changes and causes [J]. Applied Geography, 86: 118-127.

PAAVOLA J, 2008. Livelihoods, vulnerability and adaptation to climate change in Morogoro, Tanzania [J]. Environmental Science & Policy, 12: 642-654.

PAINTER L, YANG Z, 2004. Homeownership Determinants for Chinese Americans: Assimilation, Ethnic Concentration and Nativity [J]. Real Estate Economics, 32 (3): 509-539.

POLLITT C, BOUCKAERT G, 2017. Public Management Reform: A Comparative Analysis-Into the Age of Austerity [M]. Oxford: Oxford University Press.

PACIONE M, 2009. Urban Geography: A Global Perspective [M]. London: Routledge.

SUSIN S, 2002. Rent Vouchers and the Price of Low-income Housing [J].

Journal of Public Economics, 83: 109-152.

SENSOY A, OZTURK K, HACIHASANOGLU E, 2014. Constructing a financial fragility index for emerging countries [J]. Finance Research Letters, 11 (4): 410-419.

SHI W, CHEN J, WANG H, 2016. Affordable housing policy in China: New developments and new challenges [J]. Habitat International, 54: 224-233.

SCHCLAREK A, 2007. Fiscal policy and private consumption in industrial and developing countries [J]. Journal of Macroeconomics, 29 (4): 912-939.

SINAI T, WALDFOGEL J, 2002. Do Low-Income Subsidies Increase Housing Consumption? [C]. NBER Working Paper.

SHORT J R, 2007. Liquid city: megalopolis and the contemporary northeast [M]. Washington DC: Resources for the Future Press.

TOLMASKY C, HINDANOV D, 2002. Principal components analysis for correlated curves and seasonal commodities: The case of the petroleum market [J]. Journal of Futures Markets, 22 (11): 1019-1035.

TOMASSON J A, PIETRENKO - DABROWSKA A, KOZIEL S, 2020. Expedited globalized antenna optimization by principal components and variable-fidelity EM simulations: application to microstrip antenna design [J]. Electronics, 9: 673.

VON S L, IKONOMIDIS K, MSHAMU S, et al., 2017. Affordable house designs to improve health in rural Africa: a field study from northeastern Tanzania [J]. The Lancet Planetary Health, 1 (5): 188-199.

WALTERS C R, 2009. Do subsidized housing units depreciate faster than unsubsidized ones? [J]. Journal of Housing Economics, 18 (1), 49-58.

WANG Y, MURIE A, 2011. The new affordable and social housing provision system in China: Implications for comparative housing studies [J]. International Journal of Housing Policy, 11 (3): 237-254.

WANG Y, OTSUKI T, 2015. Do institutional factors influence housing decision of young generation in urban China: Based on a study on determinants of residential choice in Beijing [J]. Habitat International, 49: 508-515.

WILSON S G, PLANE D A, MACKUN P J, et al., 2012. Patterns of metropolitan and micropolitan population change: 2000 to 2010 [R] // 2010 Census Special Reports.

XU H, JIAO M, 2021. City size, industrial structure and urbanization quality-A case study of the Yangtze River Delta urban agglomeration in China [J]. Land Use Policy, 111: 105-109.

YANG Z, CHEN J, 2014a. Housing affordability and housing policy in urban China [M]. New York: Springer.

YANG Z, YI C, ZHANG W, ZHANG C, 2014b. Affordability of housing and accessibility of public services: evaluation of housing programs in Beijing [J]. Journal of Housing and the Built Environment, 29 (3): 521-540.

YANG Z, SHEN Y, 2008. The affordability of owner occupied housing in Beijing [J]. Journal of Housing and the Built Environment, 23: 317.

Yu L, Cai H, 2013. Challenges for housing rural-to-urban migrants in Beijing [J]. Habitat International, 40: 268-277.

ZAIL N, RAHIMPOOR M, SAED B, et al., 2016. The distribution of public services from the perspective of spatial equality, Journal of Land Use [J]. Mobility and Environment, 9: 287-304.

ZOU Y, 2014. Contradictions in China's affordable housing policy: Goals vs. Structure [J]. Habitat International, 41: 8-16.

ZHOU J, RONALD R, 2017. Housing and welfare regimes: Examining the changing role of public housing in China [J]. Housing Theory & Society, 34: 253-276.

附录　我国住房保障政策汇编

国务院办公厅关于加快发展保障性租赁住房的意见

各省、自治区、直辖市人民政府，国务院各部委、各直属机构：

近年来，各地区、各有关部门认真贯彻落实党中央、国务院决策部署，扎实推进住房保障工作，有效改善了城镇户籍困难群众住房条件，但新市民、青年人等群体住房困难问题仍然比较突出，需加快完善以公租房、保障性租赁住房和共有产权住房为主体的住房保障体系。经国务院同意，现就加快发展保障性租赁住房，促进解决好大城市住房突出问题，提出以下意见。

一、指导思想

以习近平新时代中国特色社会主义思想为指导，全面贯彻党的十九大和十九届二中、三中、四中、五中全会精神，立足新发展阶段、贯彻新发展理念、构建新发展格局，坚持以人民为中心，坚持房子是用来住的、不是用来炒的定位，突出住房的民生属性，扩大保障性租赁住房供给，缓解住房租赁市场结构性供给不足，推动建立多主体供给、多渠道保障、租购并举的住房制度，推进以人为核心的新型城镇化，促进实现全体人民住有所居。

二、基础制度

(一) 明确对象标准

保障性租赁住房主要解决符合条件的新市民、青年人等群体的住房困难问题，以建筑面积不超过70平方米的小户型为主，租金低于同地段同品质市场租赁住房租金，准入和退出的具体条件、小户型的具体面积由城市人民政府按照保基本的原则合理确定。

(二) 引导多方参与

保障性租赁住房由政府给予土地、财税、金融等政策支持，充分发挥市场机制作用，引导多主体投资、多渠道供给，坚持"谁投资、谁所有"，主要利用集体经营性建设用地、企事业单位自有闲置土地、产业园区配套用地和存量闲置房屋建设，适当利用新供应国有建设用地建设，并合理配套商业服务设施。支持专业化规模化住房租赁企业建设和运营管理保障性租赁住房。

(三) 坚持供需匹配

城市人民政府要摸清保障性租赁住房需求和存量土地、房屋资源情况，结合现有租赁住房供求和品质状况，从实际出发，因城施策，采取新建、改建、改造、租赁补贴和将政府的闲置住房用作保障性租赁住房等多种方式，切实增加供给，科学确定"十四五"保障性租赁住房建设目标和政策措施，制定年度建设计划，并向社会公布。

(四) 严格监督管理

城市人民政府要建立健全住房租赁管理服务平台，加强对保障性租赁住房建设、出租和运营管理的全过程监督，强化工程质量安全监管。保障性租赁住房不得上市销售或变相销售，严禁以保障性租赁住房为名违规经营或骗取优惠政策。

(五) 落实地方责任

城市人民政府对本地区发展保障性租赁住房，促进解决新市民、青年人等群体住房困难问题负主体责任。省级人民政府对本地区发展保障性租赁住房工作负总责，要加强组织领导和监督检查，对城市发展保障性租赁住房情况实施监测评价。

三、支持政策

（一）进一步完善土地支持政策

1. 人口净流入的大城市和省级人民政府确定的城市，在尊重农民集体意愿的基础上，经城市人民政府同意，可探索利用集体经营性建设用地建设保障性租赁住房；应支持利用城区、靠近产业园区或交通便利区域的集体经营性建设用地建设保障性租赁住房；农村集体经济组织可通过自建或联营、入股等方式建设运营保障性租赁住房；建设保障性租赁住房的集体经营性建设用地使用权可以办理抵押贷款。

2. 人口净流入的大城市和省级人民政府确定的城市，对企事业单位依法取得使用权的土地，经城市人民政府同意，在符合规划、权属不变、满足安全要求、尊重群众意愿的前提下，允许用于建设保障性租赁住房，并变更土地用途，不补缴土地价款，原划拨的土地可继续保留划拨方式；允许土地使用权人自建或与其他市场主体合作建设运营保障性租赁住房。

3. 人口净流入的大城市和省级人民政府确定的城市，经城市人民政府同意，在确保安全的前提下，可将产业园区中工业项目配套建设行政办公及生活服务设施的用地面积占项目总用地面积的比例上限由 7% 提高到 15%，建筑面积占比上限相应提高，提高部分主要用于建设宿舍型保障性租赁住房，严禁建设成套商品住宅；鼓励将产业园区中各工业项目的配套比例对应的用地面积或建筑面积集中起来，统一建设宿舍型保障性租赁住房。

4. 对闲置和低效利用的商业办公、旅馆、厂房、仓储、科研教育等非居住存量房屋，经城市人民政府同意，在符合规划原则、权属不变、满足安全要求、尊重群众意愿的前提下，允许改建为保障性租赁住房；用作保障性租赁住房期间，不变更土地使用性质，不补缴土地价款。

5. 人口净流入的大城市和省级人民政府确定的城市，应按照职住平衡原则，提高住宅用地中保障性租赁住房用地供应比例，在编制年度住宅用地供应计划时，单列租赁住房用地计划、优先安排、应保尽保，主要安排在产业园区及周边、轨道交通站点附近和城市建设重点片区等区域，引导产城人融合、人地房联动；保障性租赁住房用地可采取出让、租赁或划拨等方式供应，其中以出让或租赁方式供应的，可将保障性租赁住房租赁价格及调整方式作为出让或租赁的前置条件，允许出让价款分期收取。新建普通商品住房项目，可配建一定比例的保障性租赁住房，具体配建比例和管理方式由市县人民政府确定。鼓励在地铁上盖物业中建设一定比例的保障性租赁住房。

（二）简化审批流程

各地要精简保障性租赁住房项目审批事项和环节，构建快速审批流程，提高项目审批效率。利用非居住存量土地和非居住存量房屋建设保障性租赁住房，可由市县人民政府组织有关部门联合审查建设方案，出具保障性租赁住房项目认定书后，由相关部门办理立项、用地、规划、施工、消防等手续。不涉及土地权属变化的项目，可用已有用地手续等材料作为土地证明文件，不再办理用地手续。探索将工程建设许可和施工许可合并为一个阶段。实行相关各方联合验收。

（三）给予中央补助资金支持

中央通过现有经费渠道，对符合规定的保障性租赁住房建设任务予以补助。

（四）降低税费负担

综合利用税费手段，加大对发展保障性租赁住房的支持力度。利用非居住存量土地和非居住存量房屋建设保障性租赁住房，取得保障性租赁住房项目认定书后，比照适用住房租赁增值税、房产税等税收优惠政策。对保障性租赁住房项目免收城市基础设施配套费。

（五）执行民用水电气价格

利用非居住存量土地和非居住存量房屋建设保障性租赁住房，取得保障性租赁住房项目认定书后，用水、用电、用气价格按照居民标准执行。

（六）进一步加强金融支持

1. 加大对保障性租赁住房建设运营的信贷支持力度，支持银行业金融机构以市场化方式向保障性租赁住房自持主体提供长期贷款；按照依法合规、风险可控、商业可持续原则，向改建、改造存量房屋形成非自有产权保障性租赁住房的住房租赁企业提供贷款。完善与保障性租赁住房相适应的贷款统计，在实施房地产信贷管理时予以差别化对待。

2. 支持银行业金融机构发行金融债券，募集资金用于保障性租赁住房贷款投放。支持企业发行企业债券、公司债券、非金融企业债务融资工具等公司信用类债券，用于保障性租赁住房建设运营。企业持有运营的保障性租赁住房具有持续稳定现金流的，可将物业抵押作为信用增进，发行住房租赁担保债券。支持商业保险资金按照市场化原则参与保障性租赁住房建设。

四、组织实施

（一）做好政策衔接

各地要把解决新市民、青年人等群体住房困难问题摆上重要议事日程，高度重视保障性租赁住房建设。要对现有各类政策支持租赁住房进行梳理，包括通过利用集体建设用地建设租赁住房试点、中央财政支持住房租赁市场发展试点、非房地产企业利用自有土地建设租赁住房试点、发展政策性租赁住房试点建设的租赁住房等，符合规定的均纳入保障性租赁住房规范管理，不纳入的不得享受利用非居住存量土地和非居住存量房屋建设保障性租赁住房不补缴土地价款等国家对保障性租赁住房的专门支持政策。

（二）强化部门协作

住房和城乡建设部要加强对发展保障性租赁住房工作的组织协调和督促指导，会同有关部门组织做好发展保障性租赁住房情况监测评价，及时总结宣传经验做法。国家发展改革委、财政部、自然资源部、人民银行、税务总局、银保监会、证监会等部门和单位要加强政策协调、工作衔接，强化业务指导、调研督促。各有关部门和单位要按职责分工，加强协作、形成合力，确保各项政策落实到位。

中华人民共和国国务院办公厅

2021 年 6 月 24 日

住房和城乡建设部 国家发展改革委 财政部 自然资源部
关于进一步规范发展公租房的意见

各省、自治区住房和城乡建设厅、发展改革委、财政厅、自然资源厅，直辖市住房和城乡建设（管）委、发展改革委、财政局、规划和自然资源局（委），新疆生产建设兵团住房和城乡建设局、发展改革委、财政局、自然资源局：

近年来，各地区、各有关部门认真落实党中央、国务院决策部署，积极发展公租房，取得了明显成效。截至 2018 年底，3 700 多万困难群众住进公租房，累计近 2 200 万困难群众领取公租房租赁补贴。公租房保障为维护社会和谐稳定，推进新型城镇化和农业转移人口市民化，增强困难群众获得感、幸福感、安全感发挥了积极作用。但是，公租房发展不平衡不充分的问题仍很突出，部分大中城市公租房保障需求量大，但保障覆盖面较低，尤其是对住房困难的新就业无房职工、稳定就业外来务工人员的保障门槛较高、力度不够。习近平总书记明确要求，要完善住房市场体系和住房保障体系，解决城镇中低收入居民和新市民住房问题。为更好发挥住房保障在解决群众住房问题中的"补位"作用，现就进一步规范发展公租房，提出如下意见：

一、总体要求和基本原则

（一）总体要求

以习近平新时代中国特色社会主义思想为指导，认真贯彻党的十九大和十九届二中、三中全会精神，坚持以人民为中心的发展思想，牢固树立"四个意识"，坚定"四个自信"，坚决做到"两个维护"，切实提高政治站位，加快完善主要由配租型的公租房和配售型的共有产权住房构成的城镇住房保障体系，多渠道满足住房困难群众的基本住房需要；进一步规范发展公租房，努力实现本地区低保、低收入住房困难家庭应保尽保，城镇中等偏下收入住房困难家庭在合理的轮候期内得到保障，促进解决新就业无房职工和在城镇稳定就业外来务工人员等新市民的住房困难，不断增强困难群众对住房保障的获得感、幸福感和安全感。

（二）基本原则

1. 以政府为主提供基本保障。要将规范发展公租房列入重要议事日程，坚持既尽力而为又量力而行，在国家统一政策目标指导下，因地制宜加大公租房发展力度。同时，要防止保障与市场出现错位，既不能把公租房违规转为商品住房，也不能将对公租房的支持政策用于发展商品住房。

2. 分类合理确定准入门槛。要针对不同困难群体，合理设置相应准入条件，采取适当的保障方式和保障标准，统筹做好城镇中等偏下及以下收入住房困难家庭和新市民的公租房保障工作，加大对符合条件新市民的保障力度。

3. 坚持实物保障与租赁补贴并举。要继续做好公租房实物保障工作。同时，积极发展公租房租赁补贴，满足困难群众多样化的居住需求。

二、继续做好城镇中等偏下及以下收入住房困难家庭的保障工作

（一）保障范围和目标

各地要全面梳理低收入特别是低保家庭、分散供养特困人员的住房状况，凡申请并符合条件的要实现应保尽保。持续做好城镇中等偏下收入住房困难家庭的保障工作，明确合理的轮候期，在轮候期内给予保障。城镇中等偏下及以下收入住房困难家庭的收入、住房困难等具体准入条件由直辖市、市县人民政府住房保障主管部门合理确定，报经本级人民政府批准后，向社会公布实施，并及时进行动态调整。

（二）保障方式和标准

对低保、低收入住房困难家庭和分散供养特困人员，可以实物配租为主、租赁补贴为辅；对中等偏下收入住房困难家庭，可以租赁补贴为主、实物配租为辅。具体保障方式可结合保障对象意愿和公租房供给因地制宜确定。严格保障标准，实物配租公租房单套建筑面积原则上控制在60平方米以内。合理确定租赁补贴标准，建立动态调整机制，并根据保障对象的收入水平实行分档补贴，支持保障对象租赁到适宜的住房。

（三）多渠道筹集房源

有新增公租房实物供给需求的，可立足当地实际，制定在商品住房项目中配建公租房的政策，明确配建比例。利用集体建设用地建设租赁住房的试点城市，可将集体建设用地建设的租赁住房长期租赁作为公租房，租赁期限一般不低于5年。鼓励政府将持有的存量住房用作公租房。新筹集的公租房要做到布局合理、设计科学、质量可靠、配套完善。

（四）准入、使用、退出管理

各地要建立常态化申请受理机制，强化部门协同和信息共享，加强资格审核，确保保障对象符合相应的准入条件。完善公租房配租方式，根据保障对象的住房、收入和财产以及申请时间等因素，可通过综合评分、随机摇号等方式确定排序。定期检查公租房使用情况，确保公租房房源依法合规使用。定期复核保障对象家庭人口、住房和经济状况变化情况，及时调整保障方式、保障标准等。健全公租房退出管理机制，对违规使用公租房或不再符合保障条件的承租人，综合运用租金上调、门禁管控、信用约束、司法追究等多种方式，提升退出管理效率。

三、加大对新就业无房职工、城镇稳定就业外来务工人员的保障力度

（一）保障范围和目标

各地要坚持既尽力而为又量力而行，根据财政承受能力，重点保障环卫、公交等公共服务行业以及重点发展产业符合条件的青年职工和外来务工人员，具体准入条件由直辖市、市县人民政府住房保障主管部门合理确定，报经本级人民政府批准后，向社会公布实施，并及时进行动态调整。可设立最长保障期限，重在解决阶段性住房困难。住房保障主管部门要与用人单位精准对接，搞清需求，合理确定公租房供给数量、租金标准等。

（二）保障方式和标准

实物保障以配租集体宿舍为主，以小户型住宅为辅。新就业无房职工和外来务工人员较为集中的开发区和产业园区，根据用工数量，在产业园区配套建设行政办公及生活服务设施的用地中，可通过集中建设或长期租赁、配建等方式，增加集体宿舍形式的公租房供应，面向用工单位或园区就业人员出租。按照国务院规定开展试点的城市，企业（单位）依法取得使用权的土地，在符合规划、权属不变的前提下，可建设公租房，面向本单位职工出租，促进职住平衡。租赁补贴发放范围、补贴标准等由各地因地制宜确定。

（三）准入、使用、退出管理

对新就业无房职工和城镇稳定就业外来务工人员，政府筹集的公租房主要面向其用人单位定向供应，职工向用人单位提交申请。用人单位依照当地有关规定，协助住房保障等部门对职工保障资格进行审核，对定向供应的公租房进行分配，切实履行对入住职工的管理责任，并督促不再符合条件的人员退出保障，确保公租房合规使用。研究制定面向用人单位定向供应公租房的管理办法，并指导用人单位制定本单位的实施细则，加强对用人单位的监督管理。

四、加强公租房建设运营管理

（一）加强公租房建设管理

各地要强化对招投标、设计、施工、竣工验收等建设全过程的监督管理，严格落实各参建主体质量安全责任，强化建设单位首要责任，全面落实质量终身责任制。对偷工减料等违法违规行为严肃追责，督促参建主体对易产生质量常见问题的部位和环节采取针对性防治措施，切实保证公租房建设质量安全。

（二）积极实施政府购买公租房运营管理服务

有条件的地方要逐步推广政府购买公租房运营管理服务，吸引企业和其他机构参与公租房运营管理。明确购买主体，合理确定购买内容，将适合通过政府购买服务方式提供的公租房运营管理服务事项纳入政府购买服务指导性目录。公开择优确定承接主体，规范服务标准，全面实施绩效管理，切实提升公租房运营管理专业化、规范化水平，增强群众满意度。

（三）加快推进住房保障领域信用体系建设

各地要结合实际制定住房保障领域信用体系建设实施方案，建立健全信用信息归集和应用制度，建立完善守信联合激励和失信联合惩戒机制。对公租房申请、使用、退出等环节失信主体实行分级分类管理，存在严重失信行为的列入失信联合惩戒对象名单予以联合惩戒；发生较重失信行为或多次发生轻微失信行为但尚未达到严重失信行为标准的，列入重点关注对象名单，依法实施与其失信程度相适应的惩戒措施。

（四）完善公租房配套基础设施和公共服务

各地要充分考虑保障对象日常生活、出行等需要，加快完善公租房小区的基础设施及公共服务设施，使群众享有更好的居住环境。将公租房小区及时纳入街道和社区管理，积极发展各项便民利民服务和社区志愿服务，推进信息化、智能化技术成果的应用，切实提升公租房社区居住品质。

五、落实各项支持政策

各地对列入市县年度计划的公租房项目，要落实好土地、资金、税费等各项支持政策，确保公租房工作顺利实施。

（一）确保用地供应

新建公租房的地方，要依据公租房发展规划和年度建设计划，科学编制土地供应计划，公租房用地应保尽保。储备土地和收回使用权的国有土地，优先安排保障性住房建设。

（二）加强资金保障

各地要根据财政承受能力，合理制定公租房建设规划，统筹各项资金用于公租房房源筹集、租赁补贴发放。政府投资公租房租金收入专项用于偿还公租房贷款本息及维修养护、管理等，维修养护费用主要通过公租房租金收入及配套商业服务设施租金收入解决，不足部分由财政预算安排解决。

（三）落实税费减免政策

对公租房建设筹集、经营管理所涉及的土地使用税、印花税、契税、土地增值税、房产税、增值税、个人所得税等，以及城市基础设施配套费等政府性基金、行政事业性收费，继续按规定落实优惠政策。

六、加强组织领导

（一）落实工作责任

地方各级住房和城乡建设、发展改革、财政、自然资源等有关部门要按照各自职责负责相关工作。市县要结合实际，认真组织落实，积极推进公租房工作。2019 年底前，各省级住房和城乡建设部门要将本地区公租房发展情况报住房和城乡建设部。

（二）加强监督检查

各省级住房和城乡建设部门要会同有关部门建立有效的监督检查制度，对市县公租房工作加强督促指导，确保各项工作任务和政策措施落到实处。

（三）总结推广经验

各省级住房和城乡建设部门要及时总结规范发展公租房工作中的经验和问题，并报住房和城乡建设部。对地方的先进经验，住房和城乡建设部将及时进行宣传推广。

中华人民共和国住房和城乡建设部

中华人民共和国国家发展和改革委员会

中华人民共和国财政部

中华人民共和国自然资源部

2019 年 5 月 7 日

关于并轨后公共租赁住房有关运行管理工作的意见

各省、自治区住房和城乡建设厅，北京市住房和城乡建设局，天津市城乡建设交通委、国土资源房屋管理局，上海市城乡建设管理委、住房保障房屋管理局，重庆市城乡建设委、国土资源房屋管理局，新疆生产建设兵团建设局：

住房和城乡建设部、财政部、国家发展改革委《关于公共租赁住房和廉租住房并轨运行的通知》（建保〔2013〕178号）印发后，各地认真贯彻落实，并轨运行工作取得积极成效。为进一步做好有关运行管理工作，现提出如下意见：

一、明确保障对象

并轨后公共租赁住房的保障对象，包括原廉租住房保障对象和原公共租赁住房保障对象，即符合规定条件的城镇低收入住房困难家庭、中等偏下收入住房困难家庭，及符合规定条件的新就业无房职工、稳定就业的外来务工人员。

二、科学制订年度建设计划

各地应根据城镇低收入和中等偏下收入住房困难家庭对公共租赁住房需求，考虑符合当地住房保障条件的新就业无房职工、进城落户农民和外来务工人员的需要，结合当地经济社会发展水平和政府财政能力，科学制订公共租赁住房年度建设计划。要创新融资机制，多方筹集资金，做好公共租赁住房及其配套基础设施和公共服务设施规划建设，方便群众生产生活。落实民间资本参与公共租赁住房建设的各项支持政策。

三、健全申请审核机制

各地要整合原廉租住房和公共租赁住房受理窗口，方便群众申请。要明确并轨后公共租赁住房保障对象收入审核部门职责及协调机制。落实申请人对申请材料真实性负责的承诺和授权审核制度。社会投资建设公共租赁住房的分配要纳入政府监管。符合规定条件的住房保障对象，到市场承租住房的，可按各地原政策规定，继续领取或申请领取租赁住房补贴。

四、完善轮候制度

各地应当根据本地实际情况，合理确定公共租赁住房轮候期，对登记为轮候对象的申请人，应当在轮候期内给予安排。要优化轮候规则，坚持分层实施，梯度保障，优先满足符合规定条件的城镇低收入住房困难家庭的需求，对城镇住房救助对象，即符合规定标准的住房困难的最低生活保障家庭、分散供养的特困人员，依申请做到应保尽保。

五、强化配租管理

省级住房和城乡建设部门要制定公共租赁住房合同示范文本，明确租赁双方权利义务。公共租赁住房租金原则上按照适当低于市场租金的水平确定。已建成并分配入住廉租住房统一纳入公共租赁住房管理，对已入住的城镇低收入住房困难家庭，其租金水平仍按原合同约定执行。对于新增城镇低收入住房困难家庭，租赁政府投资建设的公共租赁住房，应采取租金减免方式予以保障，不宜按公共租赁住房租金水平先收后返。

六、加强使用退出管理

公共租赁住房的所有权人及其委托的运营单位应当依合同约定，切实履行对公共租赁住房及其配套设施的维修养护责任，确保公共租赁住房的正常使用。经公共租赁住房所有权人或其委托的运营单位同意，承租人之间可以互换所承租的公共租赁住房。完善城镇低收入住房困难家庭资格复核制度，不再符合城镇低收入住房困难家庭条件但符合公共租赁住房保障对象条件的，可继续承租原住房，同时应调整租金。承租人违反有关规定或经审核不再符合公共租赁住房保障条件的，应退出公共租赁住房保障。

七、推进信息公开工作

各地要全面公开公共租赁住房的年度建设计划、完成情况、分配政策、分配对象、分配房源、分配程序、分配过程、分配结果及退出情况等信息，畅通投诉监督渠道，接受社会监督。

中华人民共和国住房和城乡建设部

2014 年 6 月 24 日

中央财政城镇保障性安居工程补助资金管理办法

第一章 总则

第一条 为规范中央财政城镇保障性安居工程补助资金（以下简称补助资金）管理，提高资金使用效益，根据国家预算管理和保障性安居工程的有关规定，制定本办法。

第二条 本办法所称补助资金，是指中央财政安排用于支持符合条件的城镇居民保障基本居住需求、改善居住条件的共同财政事权转移支付资金。

第三条 补助资金由财政部、住房城乡建设部按职责分工管理。

财政部负责编制补助资金年度预算，提出三年支出规划建议，确定补助资金分配方案、下达补助资金预算，对补助资金的使用管理情况进行监督和绩效管理。财政部各地监管局按照工作职责和财政部要求，对补助资金管理使用情况加强属地监管。

住房和城乡建设部负责住房保障计划编制，提供各地保障性安居工程年度计划数据，督促指导地方开展城镇保障性安居工程工作，组织做好绩效目标制定、绩效监控和评价等。

省级财政部门、住房和城乡建设部门负责明确省级及以下各级财政部门、住房和城乡建设部门在资金分配、住房保障计划编制、绩效管理等方面的责任，切实加强资金管理。

第四条 补助资金管理遵循公平公正、公开透明、突出重点、注重绩效、强化监督的原则。

第五条 补助资金实施期限至2025年，期满后，根据法律、行政法规和国务院有关规定及城镇保障性安居工程形势需要，评估确定是否继续实施和延续期限。其中，中央财政支持住房租赁市场发展试点政策执行至

2022 年 12 月 31 日。

第二章　支持范围和资金分配

第六条　补助资金支持范围包括：

（一）租赁住房保障。主要用于支持公租房、保障性租赁住房等租赁住房的筹集，向符合条件的在市场租赁住房的城镇住房保障对象发放租赁补贴等相关支出。其中，中央财政支持住房租赁市场发展试点资金主要用于支持试点城市多渠道筹集租赁住房房源、建设住房租赁管理服务平台等与住房租赁市场发展相关的支出。

（二）城镇老旧小区改造。主要用于小区内水电路气等配套基础设施和公共服务设施建设改造，小区内房屋公共区域修缮、建筑节能改造，支持有条件的加装电梯等支出。

（三）城市棚户区改造。主要用于城市棚户区改造项目中的征收补偿、安置房建设（购买）和相关配套基础设施建设等支出，不得用于城市棚户区改造中安置房之外的住房开发、配套建设的商业和服务业等经营性设施建设支出。

年度租赁住房保障、城镇老旧小区改造、城市棚户区改造资金规模由财政部会同住房城乡建设部根据财政收支形势、年度城镇保障性安居工程任务状况等因素确定。

第七条　租赁住房保障资金采取因素法，按照各省（自治区、直辖市、计划单列市，含兵团，以下统称省）年度租赁住房筹集套数、租赁补贴户数等因素以及相应权重分配，并通过绩效评价结果、财政困难程度进行调节。具体计算公式如下：

分配给某省的租赁住房保障资金＝〔（该省租赁补贴户数×该省财政困难程度系数×年度绩效评价调节系数）÷∑（各省租赁补贴户数×相应省财政困难程度系数×年度绩效评价调节系数）×相应权重＋（该省租赁住房筹集套数×该省财政困难程度系数×年度绩效评价调节系数）÷∑（各省租赁住房筹集套数×相应省财政困难程度系数×年度绩效评价调节系数）×相应

权重〕×年度租赁住房保障资金

租赁补贴户数、租赁住房筹集套数由住房城乡建设部根据各地申报数提供。其中，租赁住房包括公租房和保障性租赁住房。租赁补贴和租赁住房筹集的相应权重，由财政部会同住房城乡建设部根据年度租赁补贴和租赁住房筹集计划情况确定。

第八条 城镇老旧小区改造资金采取因素法，按照各省年度老旧小区改造面积、改造户数、改造楼栋数、改造小区个数等因素以及相应权重分配，并通过绩效评价结果、财政困难程度进行调节。具体计算公式如下：

分配给某省的老旧小区改造资金＝〔（该省老旧小区改造面积×该省财政困难程度系数×年度绩效评价调节系数）÷∑（各省老旧小区改造面积×相应省财政困难程度系数×年度绩效评价调节系数）×相应权重＋（该省老旧小区改造户数×该省财政困难程度系数×年度绩效评价调节系数）÷∑（各省老旧小区改造户数×相应省财政困难程度系数×年度绩效评价调节系数）×相应权重＋（该省老旧小区改造楼栋数×该省财政困难程度系数×年度绩效评价调节系数）÷∑（各省老旧小区改造楼栋数×相应省财政困难程度系数×年度绩效评价调节系数）×相应权重＋（该省老旧小区改造个数×该省财政困难程度系数×年度绩效评价调节系数）÷∑（各省老旧小区改造个数×相应省财政困难程度系数×年度绩效评价调节系数）×相应权重〕×年度老旧小区改造资金

老旧小区改造面积、改造户数、改造楼栋数、改造小区个数因素权重分别为40%、40%、10%、10%。老旧小区改造面积、改造户数、改造楼栋数、改造小区个数由住房城乡建设部根据各地申报数提供。

第九条 城市棚户区改造资金采取因素法，按照各省城市棚户区改造套数因素分配，并通过绩效评价结果、财政困难程度进行调节。具体计算公式如下：

分配给某省的城市棚户区改造资金＝（该省城市棚户区改造套数×该省财政困难程度系数×年度绩效评价调节系数）÷∑（各省城市棚户区改造套数×相应省财政困难程度系数×年度绩效评价调节系数）×年度城市棚户

区改造资金

城市棚户区改造套数由住房城乡建设部根据各地申报数提供。

第十条 第七条、第八条、第九条中年度绩效评价调节系数，由财政部在经财政部各地监管局审核认定的绩效评价结果基础上设置。年度绩效评价审核结果在 90 分（含）以上的，绩效评价调节系数为 1；年度绩效评价审核结果在 80 分（含）至 90 分之间的，绩效评价调节系数 0.95；年度绩效评价审核结果在 60 分（含）至 80 分之间的，绩效评价调节系数为 0.9；年度绩效评价审核结果在 60 分以下的，绩效评价调节系数为 0.85。

第十一条 财政部、住房城乡建设部根据党中央、国务院有关决策部署和城镇保障性安居工程新形势、新情况等，适时调整完善相关分配因素、权重、计算公式、调节系数等。

第十二条 对于发生重大自然灾害等特殊情况的省，以及党中央、国务院确定需要重点支持和激励的省和项目，财政部会同住房城乡建设部按程序报批后在补助资金分配时予以适当倾斜。

第三章 资金预算下达

第十三条 财政部会同住房城乡建设部在全国人大审查批准中央预算后 30 日内，将补助资金预算分配下达省级财政部门，并抄送财政部当地监管局。每年 10 月 31 日前，提前下达下一年度补助资金预计数。

第十四条 省级财政部门在接到补助资金预算后，应当会同同级住房和城乡建设部门在 30 日内，按照预算级次合理分配、及时下达本行政区域县级以上各级政府财政部门，并抄送财政部当地监管局。

市县财政部门接到补助资金预算后，应当会同同级住房和城乡建设部门及时将资金预算分解或明确到具体项目，并将分配结果报上级财政部门、住房和城乡建设部门备案。在分配补助资金时，应当结合本地区年度重点工作加大中央、省、市县财政安排相关资金的统筹力度，要做好与发展改革部门安排基本建设项目等各渠道资金的统筹和对接，防止资金、项目安排重复交叉或缺位。

第十五条 各地要切实做好项目前期准备工作，强化项目管理，市县住房和城乡建设部门应当督促项目实施单位加快项目进度，切实提高资金使用效率。结转结余的资金，按照《中华人民共和国预算法》和其他有关结转结余资金管理的相关规定处理。

第四章　资金管理和监督

第十六条 补助资金支付按照国库集中支付制度有关规定执行。属于政府采购管理范围的，按照政府采购有关规定执行。

第十七条 补助资金根据支持内容不同，可以采取投资补助、项目资本金注入、贷款贴息等方式，发挥财政资金引导作用，吸引社会资本参与城镇保障性安居工程投资建设和运营管理。

第十八条 地方各级财政部门应当对补助资金实行专项管理、分账核算，严格按照规定用途使用，严禁将补助资金用于平衡预算、偿还债务、支付利息等支出。地方各级住房和城乡建设部门及项目实施单位应当严格按照本办法规定使用补助资金，严禁挪作他用，不得从补助资金中提取工作经费或管理经费。

第十九条 各级财政部门及其工作人员、各级住房和城乡建设部门及其工作人员、申报使用补助资金的单位及个人存在违法违规行为的，依法责令改正并追究相应责任；涉嫌犯罪的，依法移送有关机关处理。

第五章　绩效管理

第二十条 各地住房和城乡建设部门、财政部门应当按照全面实施预算绩效管理的有关规定，强化绩效目标管理，严格审核绩效目标，做好绩效运行监控和绩效评价，并加强绩效评价结果应用。以预算年度为周期开展绩效评价，在年度绩效评价的基础上，适时开展中期绩效评价。绩效评价的内容包括：决策情况、资金管理和使用情况、相关管理制度办法的健全性及执行情况、实现的产出情况、取得的效益情况、其他相关内容以及评价指标体系。

省级评价指标由财政部会同住房和城乡建设部设置，市县绩效评价指标由省级财政部门会同住房和城乡建设部门参考省级绩效评价指标体系，结合实际情况设置。

第二十一条 省级住房和城乡建设部门、财政部门负责组织开展本地区绩效评价工作，指导督促市县开展绩效评价工作，加强绩效评价结果运用，按规定向财政部、住房城乡建设部报送本地区上年度绩效评价报告和自评表。市县财政部门、住房和城乡建设部门具体实施市县绩效评价工作，加强绩效评价结果应用，按规定向省级财政部门、住房和城乡建设部门报送本市县绩效评价报告。

省级以下住房和城乡建设部门、财政部门对所提供的绩效评价相关材料的真实性、完整性负责。

各地区可以根据需要，委托专家、中介机构等第三方参与绩效评价工作。

第二十二条 年度绩效评价的工作程序如下：

（一）省级财政部门会同同级住房和城乡建设部门将本地区上年度绩效评价报告、自评表（逐项说明评分理由），附带能够佐证绩效评价结果的相关材料，于每年2月28日前将评价报告及附件加盖两部门印章后报送财政部、住房城乡建设部和财政部当地监管局；对于无故不按时提交绩效评价自评表及相关证明材料的省，该省绩效评价得分按零分认定。

（二）财政部各地监管局对地方报送的上年度绩效评价报告、自评表及相关证明材料进行审核和实地抽查后，于每年3月20日之前将审核总结报告和审核意见表报送财政部，抄送住房城乡建设部和省级财政、住房和城乡建设部门。其中，实地抽查审核比例原则上不少于3个地级市（含省直管县），抽查各项数据所占资金比例原则上不低于该地区申报资金的20%。

第二十三条 各级财政部门会同住房和城乡建设部门将绩效评价结果及有关问题整改情况作为分配补助资金、制定调整相关政策以及加强保障性安居工程建设和运营管理的参考依据。

第六章 附则

第二十四条 本办法由财政部会同住房城乡建设部负责解释。

第二十五条 省级财政部门会同同级住房和城乡建设部门可以结合本地实际，制定具体实施办法，并报财政部、住房城乡建设部备案。

第二十六条 本办法自印发之日起施行。《财政部 住房城乡建设部关于印发<中央财政城镇保障性安居工程专项资金管理办法>的通知》（财综〔2019〕31号）、《财政部 住房城乡建设部关于印发<城镇保障性安居工程财政资金绩效评价办法>的通知》（财综〔2020〕19号）同时废止。

后 记

　　随着我国经济的快速发展和城镇化的不断推进，人口流动加剧，房价快速上涨，住房市场存在供求矛盾。为此，国家出台了一系列多维度、"组合拳"式的调控政策，将保障性住房建设提到一个全新的高度。目前，能够准确反映各城市住房保障发展水平的指标缺失，这导致我们难以把握城市住房保障是否能够很好地满足居民的需求和是否存在空间错配等问题。

　　由于城市住房保障水平难以准确衡量，因此对于发展住房保障会对房价、家庭消费产生何种影响等问题，学界并没有得出较为一致的结论。本书以需求为导向，以期突破住房保障研究与实际工作中的瓶颈问题，对全国地级及以上城市的公共租赁住房申请准入政策进行全面梳理，总结各类准入政策的基本特征，形成基础数据库，在此基础上对准入政策条件数据进行整理和量化，构建住房保障准入指数来衡量城市的住房保障准入水平。本书综合各类准入条件，形成评价指标体系，运用模型科学估算出指数来代表城市住房保障准入的难易程度，以此反映城市的住房保障水平。值得注意的是，现有研究缺乏对城市住房保障水平的评估，相关衡量指标较少，学者选取的指标普遍为经济适用房销售额占住宅商品房销售额的比重、住房保障支出占公共财政支出的比重等，这些指标都存在明显的局限性。那么，怎样才能较为准确地量化城市的住房保障水平？本书选用住房保障准入指数来衡量城市的住房保障水平：准入指数越大，代表地方政府设置的准入条件越宽松，限制越少，相应的住房保障水平越高。笔者进行了数据搜集整理，搜集了各城市公租房申请准入政策、条件等信息，构建起公租房准入指数来代表整个住房保障准入指数。

　　国内外关于住房保障到底会对住房市场产生何种效应的争论较大，本书在科学评估各城市住房保障水平的基础上，结合中国家庭金融调查数据，实证研究住房保障对商品房价格、居民家庭住房消费产生的影响效应，从而回答目前住房保障在住房市场调控中到底发挥了何种作用，以进一步明确未来的改进方向和可能采取的措施。

当然，本书存在一定的不足和局限，后续需要继续加深研究。具体而言，可以从以下几方面进一步进行探讨：

本书虽然从城市类别进行了讨论，但分类还不够细致，后续研究可以继续全面整理各城市住房市场政策，从而更好地分析其异质性。

在中国城市住房保障发展水平影响机制研究中，本书主要分析了土地财政依赖程度对城市住房保障发展的影响。但除了社会经济方面的因素，可能还受地理等因素的制约，后续研究可以继续完成相关数据搜集，完善实证研究。

在实证研究中，不可避免地会出现反向因果等造成的关键变量内生性问题。本书通过建立面板数据模型、选取工具变量、对关键变量取滞后期值等方法，对可能存在内生性的估计结果进行了修正，也通过查找政策，研究政策冲击作用，但这些处理方法仍不完善。后续研究可以搜寻外生政策冲击方面的资料，采用"准自然实验"方法来更加严谨地识别其因果关系。

本书从写作到出版经历了严谨的论证过程。2020 年 1 月，研究工作全面展开，笔者开始进行资料搜集、数据处理和书稿撰写工作。2021 年 12 月，初稿完成。在西南财经大学公共管理学院博士生导师李丁教授的指导下，笔者对书稿进行了全面、细致的修改与完善，不断提升书稿质量。2022 年 12 月，笔者顺利完成了调研、撰写、修订与完善等重要环节，并将书稿提交给西南财经大学出版社。在西南财经大学出版社编辑完成初审后，笔者根据反馈的信息对书稿的内容与格式等进行了梳理、斟酌、修改与完善。感谢西华大学李安洁、阳佳芮和王明宇同学在本书撰写过程中所做的大量协助工作。

何春燕

2022 年 12 月